摩根解经丛卷

坎伯·摩根 著

巩咏梅　于国宽 译

何西阿书

上海三联书店

何西阿书

神的心意与他的圣洁

目　录

1　　先知的人生经历(一 1～二 1)

"耶和华初次与何西阿说话,对他说:

'你去娶淫妇为妻,也收那从淫乱所生的儿女;

因为这地大行淫乱,离弃耶和华。'"

(何一 2)

我不预备在本书中按正规的解经方式,解释这部精彩的先知书。我想将其中最本质的启示,就是对所有时代、所有人都拥有启示意义的部分加以考量。通过对这部分内容的介绍,可能有利于我们思想与之相关的各类事实。根据第一节所述年代,很明显,何西阿是一位针对北国以色列而不是南国犹大发预言的先知。所提到的诸王当政的时间加起来不少于一百二十八年。这当然不是指他讲预言讲了一百二十八年,但是他行使先知职分一定不少于七十年。何西阿书中并未收录他所有的讲道内容。毫无疑问,是他,或者是其他人,但很有可能就是他本人,在做先知的那个美妙阶段结束的时候,对这段事工的整个过程做了书面记录。

其中记录了他传道的情形,以及他奇妙事工过程中的重大事件。

这卷书有其独特之处。十二卷先知书(就是我们通常称为"小先知书"的),其中有三卷是叙事性的。两卷本身就是在讲故事:约拿书是先知性的叙事故事;哈巴谷书也是如此。何西阿书本身并不是故事书,但其中隐藏着故事情节,是附带出现的。我们能看出这个故事给何西阿的事工增添了色彩和分量。

在整个以色列历史当中,这是最黑暗的时期。先知对国民说话的时候,正是以色列国从迅速衰败走向被掳的过渡时期。所讲的故事虽然是先知个人生活的悲剧,但却给他传讲的所有信息都增添了色彩和感染力。

第一章第二节引出悲剧故事,说明这件事与何西阿事工的关系,以及对他这位神的先知所具有的价值和意义。

首先我们来看看故事的情节,然后从经文的角度对这个故事进行查考,最后我们来尝试总结一下这个故事对我们所具有的意义和价值。

故事讲些什么呢?何西阿娶了一位叫歌篾的女人。这段婚姻给他们带来三个孩子:耶斯列、罗路哈玛和罗阿米——这的确就是他们的名字。接着歌篾背叛了何西阿。因为她的不贞,所以他理所当然地赶走了她。这之后不久,她陷入堕落的深渊,并失去人身自由,沦为他人的财产。何西阿将她从堕落中寻回,为她付了奴隶的赎价,恢复她作为他新妇的身份。

故事情节大致如此。前一部分颇具悲剧性,但并无新奇之处;第二部分却出人意料,令人大跌眼镜。对于第一部分的情节,我们是再熟悉不过了:悲情,令人心碎,但并不陌生。但在一个男人追寻女人的故事中,这女人经历了各样情感波折,最后身无分文,终至成为女奴。男人找到了她,用四十舍客勒银子将她买下,并带她回家,使她重新成为他身旁的新娘。这样的故事就非同寻常了。这就是本卷先知书所讲述的预言背后的一段家事。

现在我们来看这句经文所陈述的内容:"耶和华初次与何西阿说话,对他说,你去娶淫妇为妻,也收那从淫妇所生的儿女;因为这地大行淫乱,离弃耶和华"(一 2)。

这里的陈述形式给很多人带来困惑,我很理解这一难处。这句话的确诡谲难懂,但我认为与其说其意思难懂,还不如说表达方式让人费解。

根据我们所读的英文翻译版本——即使是希伯来原版也是一样——何西阿书似乎是说他故意娶了一位犯罪的女人,并且他这样做是按耶和华的命令而行。但情况并非如此。

无论是英国修订版还是美国修订版,在"耶和华初次与何西阿说话"这句经文的旁边,都有一个旁注,写着:"'与'或'同'"。这里存在着细微的变化,但是修订版明显是承认埃沃德(Ewald)观点的正确性。我也同意这个观点,因为这样才能说得通。"耶和华初次同何西阿说话",这意思是何西阿不是在说预言(有些英文版本是"耶和华初次通过何西阿说话",这就有"何西阿在说神的话,是在说预言了"的意思),而是指他在与神交谈。这事发生在他讲预言的事工开始之前。

接下来请留意那个不起眼的词"初次"(一2)。作者在他事工结束时回顾往事,将自己的所作所为以文字的形式记录下来,他实际上是说:起初我事工开始的时候,在那个悲剧故事发生在我身上之前,耶和华同我说话。是他命令我去娶歌篾的。描述中直接称那女人为淫妇,但并没有告诉我们那时候她就是淫妇。这当然是说神事先知道歌篾内心及未来的倾向,并且这些倾向不久就会在她行为当中表现出来。了解所有这些事情的情况下,神命令何西阿娶她,并且神也知道他的经历会在他的先知事工中起什么作用。当何西阿与歌篾结婚的时候,她表面看来并不是一个犯了罪的女人,而孩子们也是出生在她背叛之前。先知的早期生活应该很有可能是愉快、幸福的。

当时以色列背弃了神,所以在何西阿的孩子出生并取名字的时候,给他们所取的名字就反映了那个时代的特征:耶斯列,讲的是行将开始的审判;罗路哈玛,指不受怜悯的人;罗阿米,指被弃绝的人。起初的家庭生活场景是祥和、宁静而蒙福的;但给孩子们所取的名字,却反映出国家面临的状况。

由此我们可以发现这段叙述的分量所在。纵观自己的一生,何西阿回忆起那段自己经历过的悲剧故事。他本可以毫不犹豫地说那段婚姻是自己人生中的一个错误。看看这段婚姻带来的悲惨生活吧。看看孩子们因此遭受的苦难吧。再看看那女人她自己的悲剧人生吧。如果何西阿是沿着天然的脉络对这一切进行解读,他对曾经的遭遇就应该是这番态度。但他的回忆却超出自然反应所给出的解释。他说,不,事情不是这样的。是神引导了我,他对我说:"你去,娶一个妻子来。"因为他是神,所以当他这样说的时候,所有未来会发生的事情他都是知道的。而他就是这样命令我的。

结果如何呢？他人生悲剧的结果是，他——何西阿，明白了神的心意，明白了神的子民犯罪时，神所经历的痛苦。通过何西阿个人悲剧所产生的悲惨经历，他得以理解整个国家违背神心意所犯的罪到底意味着什么。人们一直以来将何西阿描写成伤心的先知。他内心所遭受的痛苦和情感冲击并不鲜见，但是这经历对他来说却成为解读神所受情感冲击的钥匙。他通过个人的经历，得以明白不忠对于神之爱的意义，即以色列人的不忠对于神来说，并非引起他忿怒，而是导致他难过、伤心——虽然神因着这不忠的行为不得不施行审判。

这个结论令人吃惊。即便用我们基督徒的思维方式来认知这件事，我仍然不能肯定自己是否已经明白了其中的真谛。无论如何，耶稣在骷髅地的受难应该是对这奇事的最终阐述。何西阿因为与神类似的经历，得以最终明白以色列民所犯罪孽的严重性。没有这段感情上的痛苦经历，他是无论如何不能理解的。谈说神的爱对我们来说总是很容易，但能够将这爱准确阐释为痛苦与受难却常常困难。当他独自一人时，他懂得了神在黑暗时刻的痛苦。歌篾的不忠使何西阿对以色列人的不忠得以解读。神曾说："我必聘你永远归我为妻"（二19）。如果何西阿传道的时候没有这段经历，那么他所传讲的很可能会非常不一样。当他描绘以色列民的罪对神的影响时，他应该会异常忿怒。而事实是，这罪却带来了更深沉的情感主调。所以，回顾过去，他说神掌管了整个过程。他知道他定会胜过。他知道这个女人身上将发生什么事情，但是他有神做引导。因着神的带领，他最终得以明白和理解神的痛苦感受。

那么从这个故事里我们将学到什么功课呢？我认为首先应学到的是，神通过我们自身的经历将他自己启示给我们。曾几何时，我们当时无法理解所经历的事情；但是不久，当我们回头再看，就会发现耶和华起初教导我们去经历的，即使是带给我们灾难的事情，那也是他引领的结果，因为在悲剧的过程当中我们认识了神。

约瑟就是这样。当他的哥哥们来到埃及，他与他们相认的时候，哥哥们因为当初对他的虐待而痛悔、哀哭。约瑟对他们这样说："这是神差我在你们以先来,为要保全生命"(创四十五 5)。他的言下之意是,你们恶待我,你们把我推在坑里,你们将我卖身为奴。是的,这些都是你们干的。但是这一切可以有更高境界的解读。我经历了多年的为奴之苦,但是现在我明白所有一切的意义所在了:"神差我在你们以先来,为要保全生命。"

这也是《约伯记》的终极意义所在。约伯与那几位伟大的哲学家进行的几个回合的论战中,他们无法用自己的哲学和逻辑说服约伯,于是他们弃绝了他。文学史上还有什么文字能够比这几轮辩论更精彩的吗?从始至终,神的评价是:"我的仆人约伯……完全正直"(伯一 8)。故事结尾,我们发现约伯说,他看见了神,他明白了神的旨意。这个故事的启示是,痛苦在当时是无法理解的。神可能要预备我们与他同工,要对我们的生命有所作为。这样的人生经历所带出的见证将会一代代传递下去,从而揭穿生命中伪哲学的谎言。

"耶和华初次与何西阿说话",那时神是在引导何西阿。神通过我们个人的人生经历将他自己解读给我们。在何西阿的经历中,因着他的伤心感受,他得以理解神的心情。并且,在这不久之后,他顺服神的命令,出去寻找歌篾,他找到了堕落的歌篾,并将她带回。他因此明白了神对于那些犯了罪、令神伤心之人的态度和立场。因此,回顾过去常常会揭示出我们意想不到的神的引导。

通过何西阿书,我们获得一个关乎罪的真正本质、令人侧目的启示。同时,我们也清楚看到来自神的爱所产生的力量。

读何西阿书,我们不可能不看到他内心的痛苦和悲伤。那么,从人类所处的水平推及到无限存在的高度,我们便会知晓一点,那就是罪会伤到神的心。我确信大卫在他那首伟大的忏悔诗中的意思,就是像他说的:"我向你犯罪,唯独得罪了你"(诗五十一 4 上)。有人会说,真是这样吗?他不是犯罪得罪了拔示巴吗?不,他是偕同拔示巴一起犯了罪。同样的,从根源分析他对乌利亚所犯的罪,也是对神犯的罪。他的罪从本质上是使神痛心,使他的爱受到伤害。

多年前英国有位神学家写过一本书,书名是《无情的神》。他在书中试图证明神是无法受到真正伤害的。然而,这样的神却不是我们心中的神,也不是这里启示给我们的神。罪的进入打破了神的秩序,毁坏了宇宙的本来节奏。的确如此,但更大的罪孽并不在此。歌篾玩弄何西阿的感情,离弃了他,这让我们体会到何西阿的内心感受。而神的心情是同样的,这就是何西阿所学到的功课。

同时我们还学到爱和力量的功课。这一点,我们在后面的思考中会进一步探讨。如果不涉及这个内容,我们的话题是无法结束的。本卷书的第一章应该将何西阿书的第二章第一节包括在内。在第一章结尾处的第九节中我们读到:"给他起名叫罗阿米,因为你们不作我的子民,我也不作你们的神。"多难听的名字啊!但是让我们继续读:"然而,以色列的人数必如海沙,不可量、不可数。从前在什么地方对他们说:'你们不是我的子民',将来在那里必对他们说:'你们是永生神的儿子。'犹大人和以色列人必一同聚集,为自己立一个首领,从这地上去,因为耶斯列的日子必为大日。你们要称你们的弟兄为阿米,称你们的姐妹为路哈玛。"(一 10,11~二 1)神说到"罗路哈玛""罗阿米",就是"不蒙怜悯""非我民"的意思。他的确是这样说的,但是他的话还没说完,这并不是最后的结语。神的旨意必定成就,你们说"路哈玛(蒙怜悯)"和"阿米(神子民)"的日子必定会来。

彼得写如下话语的时候,他头脑中想的是何西阿:"你们从前算不得子民(即,罗阿米),现在却作了神的子民(即,阿米);从前未曾蒙怜恤(即,罗路哈玛),现在却蒙了怜恤(即,路哈玛)"(彼前二 10)。

当罪出现的时候,神会受伤,但是他的爱就是这样永在的爱,他会抛开所有罪恶,很快就为罪人找到回家的路,那是一条得释放之路、得救赎之路、得蒙福之路。

2   指望的门（二 2～三 5）

> "赐她亚割谷作为指望的门。"
>
> （何二 15）

在这一部分中，我们将看到先知个人的经历、他对以色列民所犯罪恶的理解，以及这二者之间的奇妙关联。我们从第二节读起："你们要与你们的母亲大大争辩，因为她不是我的妻子，我也不是她的丈夫"（二 2 上）。这不是何西阿与孩子们所说的有关歌篾的话，而是神所发的有关以色列民的话语，先知在此将从神而来的信息传递给以色列民。但他所使用的语言却恰恰反映出他个人内心的痛苦，以及他自己曾经的遭遇。他离弃歌篾、将她赶逐的事实与神对其子民的严肃处理如出一辙。

然而，现在出现一个全新的调子。严肃的语气突然之间变成了让人一时无法适应的温柔语调。请看下面这些句子："我必劝导她，领她到旷野，对她说安慰的话。"（二 14）……"她从那里出来，我必赐她葡萄园，又赐她亚割谷作为指望的门。她必在那里应声，与幼年的日子一样。"（二 15）……"你必称呼我伊施（就是'我夫'的意思），不再称呼我巴力（就是'我主'的意思）。"（二 16）……"我必聘你永远归我为妻。"（二 19 上）这是完全不同的声音。到目前为止，何西阿通过自身的痛苦经历得以理解神的痛苦心情；通过与歌篾的关系，他明白神如此严厉的必要性和必然性。但是现在出现了一个新的调子，这是有关回归和修复关系的调子。不久，他就会得到命令去采取行动，用他自己的经历对这个概念进行解读。

接下来我们要考虑两件事情：首先，神的启示；其次，这启示是如何解释给何西阿听的。

在以下经文中可以看到神的启示："亚割谷作为指望的门"（二15）。这里两个概念不只是紧凑地写在一起，而且其意义也是紧密相连。但在我们看来，它们几乎是无法相提并论的两回事。到底是什么呢？那就是"亚割"（该词原意为"烦恼"，约书亚记第七章二十六节里，和合本圣经翻译为"连累"。——译者注）和"指望"。

除非有时在这样的句子里我们说："尽管烦恼不断，但我们期待更好"，否则在通常情况下不会将这两个词并列提起。"尽管烦恼不断"这句话就是在承认烦恼和期望之间存在着矛盾张力。"期望"指的是我们对逃离烦恼怀有指望。这句经文将二者联系在一起，指出"烦恼"是"指望"的起因："亚割谷作为指望的门"。

正是烦恼和指望之间的这种联系向我们揭示出神之所是，即律法与恩典的关系。由于罪的原因，律法给我们带来烦恼，而恩典正是把指望带给身处烦恼中的我们。我们来分别思想这些问题。

首先，"亚割谷"，就是烦恼的意思。在圣经中我们三次见到亚割谷这个词。第一次是在约书亚记中，与亚干事件有关。顺便提一下，请仔细观察"亚干"和"亚割"这两个词的关系。二者的相似并非偶然。"亚干"的意思是"麻烦"，"亚割"的意思是"烦恼"。那个山谷就是因此得名（书七 26）。正是在那个地方，又迅速又严厉的审判临到那位给全体会众带来麻烦的人。因为他与邪恶妥协，悖逆神！

第二次出现是在以赛亚书，与何西阿书同时代。以赛亚将亚割谷与沙仑平原并提，为寻求耶和华之人所得（参赛六十五 10）。最后一次就是在何西阿书这里，是急速审判之谷，是烦恼之地，其名因此而得。与沙仑平原齐名时，亚割谷是安息之地，是牧羊之地，是寻求耶和华之人的蒙福之地。而当亚割谷与指望之门并用时，烦恼打开指望之门，烦恼之后所带来的，是平安之地，是歇息之地。

这样，我们学到的伟大真理就是，神对罪的态度非常严厉。罪的结果是烦恼，这无可避免。因神所定的法则如此。整个宇宙的构成也是如此。龚斯德（Stanley Jones，1884～1973，二十世纪循道会神职人员、神学家。——译者注）在他的伟大著作《每一条路上的基督》

(*The Christ of Every Road*)中说:"我们并未破坏宇宙的定律,我们乃是在这些定律上面败坏了自己。"整个宇宙的秩序已定,没有人可以逃脱。如果你把手放在火上,那么疼痛就是招来的麻烦,你无法避免。你并没有打破规律,而是烫伤了自己的手。天堂里的规律和秩序统治着一切,而违反规律便产生了地狱。烦恼是罪的必然结果,因为路被堵住了;虚假的爱人不见踪影,最后剩下的,除了荒凉再也找不到别的。要记得我们主的话:"引到灭亡,那门是宽的,路是大的"(太七 13)。

"灭亡"一词的根本意思是狭窄。"引到永生,那门是窄的,路是小的"(太七 14),永生意味着宽广。通往罪的路是容易的,门是大开着的,走起来辽阔无比。确是如此。但是看下去,继续看下去,这路在变窄,直到生命被压垮,被咒诅。罪的道路就是这样。整个宇宙就是按这个模式建立的。通往永生的路是窄的,是的,门也狭小。所以进入永生需要剥离一切。开始时路是窄的,但是千万留心,你会看到这条路越走越宽,直至最后来到永生的宽阔之地。

如此,我们现在来到恩典的话题。罪的觉醒带来烦恼,这是因为存在着神的治理、神的律法以及神的慈悲的缘故。如果罪不导致惩罚,那么情形将会如何? 答案是彻底的毁灭。有了烦恼,才打开了指望之门。正因为如此,歌篾不久说道:"我要归回前夫"(二 7)。当浪子耗尽了一切所有的,又遇着那地方大遭饥荒,他就穷苦、烦恼起来。这时,这个做儿子的说:"我要起来,到我父亲那里去"(路十五 18)——指望之门为他打开了。荒芜、孤寂是反思的好机会,神的管教就是这样为人打开指望之门的,就是"亚割谷作为指望的门"(二 15)。

但这指望之门意味着它是一扇门,这个比喻提示了一种责任。除非我们从门通过,否则即使门开着也于我无益。因着罪我们被带进沮丧、黑暗和困苦当中。我们的人性完全袒露,我们的穷乏感异常强烈。我父亲有多少的雇工,口粮有余,我倒在这里饿死吗? 是的,指望之门轰然大开,天父的家和天父的心袒露无余。但是除非我们走进那扇门,除非我们深刻认识到过犯给我们带来的穷乏和毁坏并决定回转："我要归回前夫"，"我要起来，到我父亲那里去"，否则一切都于我们毫无用处。

这样，我们来到何西阿接受操练的最后阶段。到目前为止，他明白罪从本质上会令神伤心。他认同对罪采取严厉措施的必要性。并且，在他与神交通的过程中，他听到神奇妙的宣言：亚割谷，就是烦恼之谷，其实是指望之门。对于这一点，他肯定一直心怀惊奇与疑惑。他自己的人生悲剧，就是歌篾的背叛，向他启示说，罪就是对神无限的爱的不忠和背叛。歌篾将自己与他之间的关系割断，于是根据歌篾这样的自愿选择，理所当然地，他必须尊重她、放弃她。神采取的也是这样的态度。他明白也必须接受其严重后果，因为这是罪所带来的不可避免的结果。然而，这里出现了一件新事。他听到一句奇妙的话语：烦恼之谷就是指望之门。因罪从本质上令神伤心，这是他所刚刚亲历的，他深深理解那伤心的滋味。至于罪所带来的严重后果，他也经历过了，并清楚明白其严重性。但是，当他听到这句话，即希望会因烦恼而生，这是他从未经验过的事情。歌篾仍然漂流在外，她仍在堕落之中，在痛苦中备受煎熬。

现在神来到他的生活中，给他一个奇怪的命令："你再去爱一个淫妇，就是她情人所爱的"（三1）。这一次他又顺服了："我便用银子十五舍客勒，大麦一贺梅珥半，买她归我"（三2）。这个行动一定与他所有的自然情感相悖。但是通过这次顺服，他学到了有关神的另外一个功课，并且因此被带到另外一种生命体验当中。

对此，神在向何西阿诠释什么呢？我们通过旧约中的这卷书，可以看到神的什么属性呢？这卷预言书揭示了有关神的四件事情，我这里总结如下。首先，我发现当神的子民不忠时，神会伤心；第二，我发现神无法容忍或者宽容罪；第三，我发现即便神的子民犯了罪，神仍然不顾这些罪人的罪而爱他们；第四，我发现面对以上情况，神为了恢复和重建这些罪人，仍然去寻找他们。这是我们基督徒信仰生活中司空见惯的现象。在旧约书卷中看到这些闪闪发光的内容，对我们来讲是多么美好的一件事啊。

首先，当神的子民不忠时，神会伤心。这里我所说的"神的子民",是指所有的人,因为我们都是他所造的。这一真理可以在以西结书中找到明确宣告:"世人都是属我的"(结十八 4)。当世人对神不忠时,他为此痛苦。费伯(Frederick W Faber,1814～1863)在他的诗歌中道明了这个深奥的真理:"地上的痛苦在天上被感知得如此真切,没有一个地方能比得上"。

　　你曾否想到过人类痛苦的总和不会落在别处,恰恰是落在神那里? 我遇到了麻烦,你遇到了麻烦,他也遇到了麻烦——三人都遇到了麻烦。但是我们却不能将三人的麻烦叠加,并宣称所得结果是一个人有三倍的麻烦。悲伤的总和不在别处,只在神的心里。神能感知你、我、他的痛苦。全地的不幸都在神的心里。查遍你的圣经,除了"神就是爱"(约壹四 8,16)这个由简单的几个字构成的短句,还有哪一句比这更庄严、更崇高呢? 每当神学家们告诉我说爱是神的一种属性时,我都会与之辩论。这可不是什么属性,而是所有属性的总和。如同人之各项特质构成其品格,神的各种属性成就的是神的爱。神就是爱。

　　创造是出于爱的行动,一切的律法都是出于爱的表达。当被爱之人痛苦时,施爱之人也总是随之痛苦。有时我想,神之爱和我所爱之间的区别,最大莫过于此。我爱某人,如果我爱的那位对我不忠,我就会很痛苦。为什么会这样呢? 因为我失去了那份爱。神的痛苦却不是这样。他痛苦是因为那不再爱他的人在遭受痛苦。我们的爱里面有自我的成分。而神的爱里则没有,耶稣正走在通向十字架的路上时,妇女们为他号啕痛哭,他却说:"耶路撒冷的女子,不要为我哭,当为自己和自己的儿女哭"(路二十三 28)。由此可以看出他痛苦的焦点和悲伤所在。他不是因为她们错待了自己而痛苦,而是因为她们这样做伤害了她们自己。当神的子民不忠时,他深感痛苦。人类所有的罪孽都会引起神的痛苦。人类给自己带来的那些痛苦却在天国被更深切地感受着。

　　但是,我学到的第二点是,神不能宽容和赦免罪。为什么? 无外乎就是已经提到的理由——因为罪粉碎了爱的初衷,引来了痛苦的后果。如果你能够说服我,认为神可以轻易放过罪孽,那么你就能够以此观点向我证明他对人类及其灵魂毫无爱意可言。正是因为罪会产生对人类的破坏、毁灭、屈辱和咒诅，所以神对罪的存在不会有任何妥协。神要审判罪，其原因在于罪毁灭和践踏了他所爱的人。

　　现在我们来解释第三点真理。我从这篇预言中明白，尽管罪一直存在，但是神却一直没有停止他的爱。多年前，在英国有一位青年在主日学的课堂上问主日学老师："神爱淘气的小子吗？"老师回答："不，当然不。"跟孩子这样说，这是多么无心的亵渎啊！如果神不喜欢淘气的孩子，他就从没爱过我！莎士比亚说：

"爱算不得真爱，
若是一看见人家改变便转舵"
（莎士比亚十四行诗 116。——译者注）

莎士比亚从哪里学到这功课呢？别无他处，只有从启示文学作品中。尽管人类犯了罪，但是神仍然爱他们。

　　现在，我们来看最后的启示，也就是有关福音的核心内容。神指派何西阿去找回歌篾，并说"照我所做的去做"。他找寻犯了罪的子民，是为了归正他们。

　　"主啊，你有九十九只，难道仍嫌不够？良牧答道：'我的这只离我远走漂流，路虽艰险，旷野虽远，我必前去将他寻还。'"
　　（《九十九只羊》这首歌，取词于苏格兰人伊丽莎白·克雷芬 1868 年因哥哥酗酒摔跤而死所写的一首诗歌；桑基乘火车时偶然发现这首诗，并因圣灵感动在随后的布道会上即兴作曲。——译者注）

　　神找寻他所爱的罪人，对罪他却毫无妥协。尽管人类有罪，他仍然爱他们。然后就开始了天上的伟大行动。神的伟大壮举就是寻回将自己与神割裂开来的罪人。哦，那颂歌通过多少世纪的流传，一直在你我心中回荡："神爱世人"（约三 16）。

让我们来看一看先知所受训练最后阶段中所用的方法及其意义。神说："你再去爱一个淫妇,就是她情人所爱的"(三 1a)。他并没有说:"你再去将她归正"。将她归正只是一个后续的事件。他说:"你再去爱她"。这就是让我们直接与困难面对面。我们靠着自己无法做到,我们假装自己能做到也是枉然。在马克·吐温的小说《亚瑟王朝里的美国人》中,那位美国人坚持要求国王了解其子民。这使那位国王不得不微服私访,来到社会底层。国王不知如何与底层人交往,以致称呼一个百姓"恶棍"。美国人就立刻阻止他,不让他这样称呼别人,并告诉他所有人都是兄弟。国王叫道:"兄弟?像他们那样肮脏的人?"人心就是如此。去,爱那个毁了你的女人,就是那个淫妇。那样肮脏的一个人!靠我自己的力量我做不到。即或我能做到,那也是因为我里面发生了改变,我已经完全变成另外一个人。靠人的本性,无力做到。

何西阿顺服了神的命令,这是他生命与神连接的最好明证。东方色彩的描述让画面栩栩如生。请注意,在何西阿发现她的时候,她处于何等的状态!他买她花了多少钱呢?十五舍客勒银子。当时买一个奴隶的价格却是三十舍客勒银子。他仅花了一半的价钱!这妇人的身价如此之低,他付半价就买到了!再请注意:"……大麦一贺梅珥半"(三 2)。一贺梅珥半大麦是什么意思呢?每个奴隶每天的口粮定量正好是这些。如此看来,他买她只是付出奴隶价格一半的价钱并一天的食品定量。

然后又如何了呢?"我对她说:'你当多日为我独居,不可行淫,不可归别人为妻,我向你也必这样'"(三 3)。这是一条纪律,一条一段时间内对虚情和实意都剥夺的纪律。这样做意在给她时间重新评价自己,将事情彻底考虑清楚。然而他将她带到面前,对她说:"我向你也必这样"。你被剥夺了行淫权利,我也被剥夺了;你为我独居,不得行或虚情或实意的淫乱,我也同样。这是最具感染力的一句话,用温柔的方式表达爱。

然后又如何了呢?整篇预言即是答案。音调震撼、跳动、颤抖如最终胜利的赞歌,显示了何西阿已经进入到最高层次的生命和爱的体验当中。

　　"我失去的羊已经找着了，你们和我一同欢喜吧！"（路十五 6b）他进入的境界就是如此。对世人你无法解释清楚。我不认为何西阿追寻歌篾是因为爱上了她，而是因为神差遣他去的。但我可以完全确定，一旦他前去，那爱就回来了。

　　至今我还记得，三十多年前在诺斯菲尔德，我与挚友斯科菲尔德博士（Dr. Scofield）的那次谈话。他向我讲了一个小故事，而这个小故事自此一直陪伴着我。他谈论的是基督教仪式的动机问题。我们彼此一致同意那动机即是对神的爱，对基督的爱。"你爱我吗？"（约二十一 15，16，17）耶稣这样问西门彼得。他没有问"你爱这些人吗"，而是问"你是否爱我"。谈到这一点的时候，斯科菲尔德博士就讲了那个小故事：当他在德州的达拉斯作牧师的时候，一个小姑娘（教会里一个会友）马上要出发去中国宣教，临行前来向他告别。他对她说："太好了，姑娘！我很高兴你是如此爱那些中国人，并愿意为他们舍命。"听到这话，她立即回答我："啊，不！斯科菲尔德博士，你弄错了！我不爱中国人，我对他们绝对没有丝毫的爱，我甚至厌恶他们。"他问道："那么，你为什么要去呢？""我为什么要去？因为我爱主啊！是主告诉我去的。"七年后，她从中国回来，是第一次休假，又来找他，在同一间书房，对他说："斯科菲尔德博士，你还记得就在这间屋子，在我出发去中国前，对你说的话吗？""当然，"他说道，"我记得很清楚。"她说："我对你说，我一点儿也不爱中国人。斯科菲尔德博士，我当时说的是实话，但我现在爱他们了。我去是因为爱我们的主，但现在我爱他们了，我甚至不愿意回家休假。"这就是原则。去，爱一个淫妇。他去了；他将她带回；他将她置于行淫乱权利被剥夺的地位，使她归正；一点点地，爱产生了。因而，他在寻求拯救的行动中触摸到神，在触摸到神时他也体验到生命中最深沉的喜乐。

　　最后，我们来概括一下观察到的两点结论。首先，罪不会引向指望的门，犯罪之人也无法打开指望的门。只有爱能做到，唯有爱。新约圣经中有句经文："活在世上没有指望，没有神"（弗二 12）。这句话非常说明问题。

　　"烦恼"这个词需要加以解释。我们先放下何西阿书,来看约翰福音。在耶稣事工的某个时刻,我听到他说:"我现在心里忧愁,我说什么才好呢？父啊,救我脱离这时候……父啊,愿你荣耀你的名"(约十二 27～28)。然后,只过了一会儿,他的声音又响起来:"现在这世界受审判,这世界的王要被赶出去。我若从地上被举起来,就要吸引万人来归我"(约十二 31～32)。"我现在心里忧愁",通过另外这一位,就是主耶稣,他的烦恼,是至极的烦恼,"我"指望的门打开了。这打开指望之门的烦恼,与歌篾或者以色列民的不同。这是来自神的烦恼,是神在伤心。神的忧伤轰然打开了指望的门。这样,与律法相交的恩典,完全同意犯罪必受惩罚。但是,恩典是为了战胜惩罚,控制惩罚,并最终消灭惩罚,从而为犯罪之灵魂打开回归之路,重新来到神的家,进入神的心意里面。

　　最后,我们来观察神是如何揭示自己,又是如何将相应的责任显明的。神揭示他自己,只有一件事可说,就是你我常常歌唱的:"爱何等奇妙"。即使我们会对神的爱失去兴趣,但神仍然饶恕我们:

> "我注目耶稣,
> 他的爱多么奇妙,奇妙又美好！
> 奇妙的爱,如此的爱。"

这圣诗我们继续唱下去:

> "爱如此奇妙,"

好的,继续,唱完它:

> "如此神圣,
> 要用我的生命,
> 我的心灵,我的全部。"

　　然而这个对神的揭示，同时也是对我们应负责任的启示。要想理解神之所是，就要求我们内心有相应的回应。"人若说'我爱神'，却恨他的弟兄，就是说谎话的"（约壹四 20）。人若说自己爱他的弟兄，却只是满足知识层面的要求，他就是不忠。这一点至关重要。何西阿，你去找回歌篾，并爱她，就像我爱这以色列民那样。你在我里面所见到的，要在你自己的人际关系中行出来。何西阿的确这么做了，说明他是完完全全理解神心意的人。

　　单单知道神是爱还不够。当我们了解了这一点，就意味着他在呼召我们以相配的行动来回应他那份爱，就是我们在与人交往时要表达出爱。这也正是约拿失败的地方。因为约拿了解神，所以他不愿意去尼尼微。他非常清楚，如果他真的去了尼尼微，并向那里的人传道，尼尼微人悔改了，神就会饶恕他们。他了解神，他知道神有饶恕尼尼微的可能，然而他不希望尼尼微被饶恕，所以他不愿意去。但是，感谢神！因为约拿书继续有话："耶和华的话第二次临到约拿"（拿三 1）。耶和华的话有可能会两次临到我们中的某些人。你看到这位神的一些特点了。好的，去吧，去爱外面那个垃圾男人，那个肮脏女人，就是你用一半的价钱和一天的伙食定量就可以买回的人；去爱他们，去服侍他们，去买回他们，把他们领回来。去将你的生命献给那些垃圾一样的人。然后，乘着你牺牲的翅膀，你会高升，与神相交。何西阿就是这么做的。

3 亲近偶像(四1～19)

"以法莲亲近偶像,任凭他吧!"

(何四 17)

本章的开篇是对整本书余下内容的概括。自此至尾,先知信息以厚重的笔触向我们集中展现。如前所述的年代推算,先知信息所覆盖的时间段历经几十年。何西阿在北国以色列作为公义真理的宣讲者至少有七十年的时间。

这一章本身即构成了给以色列民族的一段完整信息,可以称之为给以色列国的起诉书。整个国家处于严重的败坏当中,其原因有清楚的说明:*"我的民因无知识而灭亡"*(四6);其结果是彻底的荒凉。这是神施行到他们身上的严肃审判,并非偶尔为之的寻常举动。他们弃绝知识所导致的后果,最终使他们因无知而走向灭亡。

在这一章里,可以看到经常引用的经句。我们首先要做的,就是简单却又明确地提问:这句话是什么意思呢?——*"以法莲亲近偶像,任凭他吧!"*

为了回答这个问题,我将不得不与一个广为接受的经文释义背道而驰。普遍的理解是,这一章的这一句是神的审判,神说因为以法莲与偶像亲近,所以他要弃绝他们,他要任凭他们独自行事。*"以法莲亲近偶像"*,所以神说,*"我任凭他们"*。这是很奇怪的事情,几乎所有解经者对这句经文都是一致的解释。但是,这么解释是错误的。解经家有个习惯,就像群羊,喜欢逐群而居。有时可以这样形容他们:*"我们都如羊走迷"*(赛五十三6)。这里确实就是这种情况。他们所解释的,当然不是经文的本来意思。神不是要弃绝以法莲。若是那样的话,就与整卷先知书的教导相悖了,也与前面启示的烦恼之谷成为指望之门这个真理不符,更与后面神所发出的伟大叹息不符:"以法莲哪,我怎能舍弃你?"(十一8)

所以,我们再次问一遍:"这句话是什么意思呢?"我们来看看上下文。第十五节、十七节、十八节和十九节构成一个独立的段落,是先知讲论信息的一部分,但在某种意义上说又是独立的。何西阿是北国以色列的先知。以色列因为即将遭到放逐,所以他们那时正迅速下滑。而南方的犹大却比以色列对神更忠诚。先知在对以色列发出预言的时刻,却向南国犹大掷去一段信息:"以色列啊,你虽然行淫,犹大却不可犯罪"(四15a)。这是说给犹大听的:"不要往吉甲去,不要上到伯亚文"(四15b)。伯特利是神的家,但是先知以精巧的讽刺语气不称其为伯特利——"神的家"的意思,而是用了伯亚文——"浮华之家"的意思。他对犹大说:"不要往吉甲去,也不要上到伯亚文,也不要指着永生的耶和华起誓"(四15b,c)。他继续这样对着犹大说下去:"以色列倔强,犹如倔强的母牛;现在耶和华要放他们,如同放羊羔在宽阔之地"(四16)。以法莲,就是以色列,是大族的名称,神经常以这种方式使用这个名字,"以法莲亲近偶像,任凭他吧!"(四17)

神并不是陈述说他要任凭以法莲,而是在警告犹大要任凭以法莲。"以法莲亲近偶像,任凭他吧!"先知在警告犹大,让她不要与其结盟,在商业上、政治上、军事上都不要与以色列结盟。当何西阿对北国说预言的时候,他的同胞,同样也是先知的以赛亚,在对南国说预言。他是以这句简短的预言帮助加强以赛亚的信息:"以法莲亲近偶像,任凭他吧!"这是先知给忠诚之人的话,告诉他们不要与叛徒同谋。这是一则警告,提醒那些仍在很大程度上与神保持正确关系的人,要他们不要因接近以法莲而使自己陷入危险的境地:"以法莲亲近偶像,任凭他吧!"

神一方面不离弃悖逆之人,这一点毋庸置疑;同时,他要求忠心之人不要与背信之人连合。这样,这段信息构成了本卷先知书所包含的一个原则,也是贯穿整本圣经的一个原则,这原则曾不止一次被透彻地表达过。你肯定记得新约圣经中有这样的经文："你们务要从他们中间出来，与他们分别；不要沾不洁净的物"（林后六 17），"基督和彼列有什么相和呢？信主的和不信主的有什么相干呢？"（林后六 15）这告诉我们，站在神一边的人有必要拒绝与罪连合，远离邪恶。

这样，有三点需要我们留意：首先，所要禁忌的是拜偶像；第二，所描述的以法莲亲近偶像的状态；第三，给犹大的警诫，即"任凭他吧"。

在所有旧约书卷中——新约中也是一样——拜偶像都是不可容忍的罪。以色列人的这宗罪，使他们受咒诅、受摧残、被毁灭。那么什么是拜偶像呢？我知道这个问题听起来很荒唐，因为这个词对大家来说太熟悉，人人都觉得自己知道什么是拜偶像。但我仍然怀疑我们头脑所想的，在这个问题上是否一直那么准确和全面。所以我在这里要问——什么是拜偶像？这确实是个严肃的问题，我们必须认真面对。

让我首先说明一点，拜偶像这种事在现在并未灭绝。我们有时会把英国、美国看作是基督教国家，从某种意义上讲，这样描述尚可接受；但从全面的角度看，没有哪个国家是基督教国家。我们仍然被拜偶像的现象所包围，并因此饱受咒诅。

那么，什么是偶像崇拜呢？我们首先要确认一点，偶像崇拜突出的特点是其宗教性。偶像崇拜者并不是与宗教脱离的人。他是在践行宗教。如果一个人是明确的无神论者，并且他内心诚实如此，那么他就不可能是一位偶像崇拜者。但是，根据这类人的情况，无论他宣称自己是多么诚实的无神论者，他的整个生命仍是由某种主导追求所控制，而这主导追求其实就是他的神，所以分析到最后，这类人也是偶像崇拜者。但我们通常所指这个词的意思，是将其用于那些宣称自己拥有宗教信仰的人。我重复一遍，偶像崇拜者不是脱离宗教的人，而是践行宗教的人。在基督之光尚未照耀的地方，偶像崇拜的所有形式都与宗教有关。人类任何一种形式的敬拜都是自己宗教能力的展示，也是一个实现和满足自己宗教能力的尝试过程。这样的情况完全是我们读圣经时所熟悉的，如对巴力的崇拜，对摩洛的崇

拜,以及对玛门的崇拜;还有我们在历史上,就是圣经之外所读到的,
对宙斯的崇拜,对戴安娜女神的崇拜,对艾斯塔特的崇拜等等。这些
都是与宗教有关系的。保罗到雅典的时候,他发现这个城市充满了
偶像。当他在亚略巴古向斯多亚和以彼古罗的学士宣讲时,他说:
"我看你们不那么迷信"(徒 17:22a)(英文有其他版本这样翻译。
——译者注);再没有比这更糟糕的误译了,应该是——"我看你们凡
事很敬畏鬼神"(徒 17:22b)。偶像崇拜就是宗教。

　　那么,什么是偶像呢? 我们首先按经文中出现的这个词来看:
"亲近偶像"。这样翻译出来的意思仅仅就是指形象、图像。原文
Atsab 直接的意思就是"雕刻出来的"。这里使用它,意思是雕刻出
来的,代表另外事物的。崇拜偶像,就是敬拜形象,这个形象被看做
是代表神——如果你愿意这么说的话,就是一个神。这就是偶像崇
拜。偶像崇拜就是敬拜神的虚假替代物。

　　我们根据以色列王国的历史来考量这个定义。所罗门去世以
后,大众普遍的声音是反对赋税等过往加给百姓的负担。所罗门是
一个失败的国王。他统治整个以色列国的四十年非常像美第奇对佛
罗伦萨的统治(Lorenzo de' Medici,1449～1492,意大利政治家、外
交家、艺术家,同时也是文艺复兴时期佛罗伦萨的实际统治者。被同
时代的佛罗伦萨人称为"伟大的洛伦佐",他生活的时代正是意大利
文艺复兴的高潮期,他努力维持意大利城邦间的和平,而他的逝世也
代表了佛罗伦萨黄金时代的结束。——译者注)。他用华丽的艺术
令百姓着迷——歌唱和鲜花,精致与华美,耗费的税赋几乎榨干了百
姓。于是爆发了萨佛纳罗拉(Savonarola)起义,推翻了洛伦佐的政
权。所罗门的统治就是如此,所以当他去世的时候,耶罗波安代表受
压迫的百姓发出反抗的声音。他要求罗波安,就是所罗门的儿子,除
去他们的重负。罗波安年少轻狂,他以为独裁统治可以世袭。在与
一些年轻人商量之后,他回答耶罗波安:"我父亲用鞭子责打你们,我
要用蝎子鞭责打你们"(代下十 14)。民众因此喊道:"以色列人哪,各
回各家去吧!"(代下十 16)于是王国一分为二,北国以色列和南国犹
大。然后耶罗波安做了什么呢? 他并没有让人们放弃对神的崇拜,

他认为敬拜神非常重要。但是,如果他们长途跋涉到犹大和耶路撒冷去享受盛宴和节期,那么他在北国的政权统治就会受到威胁。于是他说,我们自己建立一套敬拜系统吧。其结果就是,为了政治的缘故,他设立了两个敬拜中心,一个是伯特利,另外一个是吉甲。他还立了两个金牛犊用于敬拜。他不是让百姓敬拜牛犊,而是让他们敬拜神。但是,神是由牛犊来代表的。这就是以色列敬拜偶像的开始。经年累月,就出现了对神的各种各样错解歪曲,但是敬拜活动仍在继续。他们会告诉你他们在敬拜神,但是他们敬拜的却是假神。这就是拜偶像。这种宗教,寻求的是敬拜神,但所拜的却是神的替代物,而不是直接启示给人的神自己。这就是偶像崇拜,这罪恶当中包含着所有的痛苦、不幸、灾难,以及所有最终的审判。

我前面提到以赛亚是何西阿同时代的先知。大约在同一时间,在南国犹大,他以振聋发聩的声音警告这种替代神的行为。请听他是怎么说的:"你们究竟将谁比神,用什么形像与神比较呢? 偶像是匠人铸造,银匠用金包裹,为他铸造银链。穷乏献不起这样供物的,就拣选不能朽坏的树木,为自己寻找巧匠,立起不能摇动的偶像。你们岂不曾知道吗? 你们岂不曾听见吗? 从起初岂没有人告诉你们吗? 自从立地的根基,你们岂没有明白吗? 神坐在地球大圈之上,地上的居民好像蝗虫。他铺张穹苍如幔子,展开诸天如可住的帐棚。"(赛四十 18～22)

神说:"你们将谁比我?"(赛四十 25)先知告诉我们想用任何相似的东西来代表神都是不可能的。这是摩西十诫中第二诫所禁止的罪:"不可为自己雕刻偶像;也不可做什么形像仿佛上天、下地和地底下、水中的百物。不可跪拜那些像;也不可侍奉它"(出二十 4～5)。

所有这些都是基于对一个事实的承认,即人不可做什么来代表神;如果有人做了,或者试图想做,并且通过他制造的东西来敬拜神,那么他就是通过错误的替代品在敬拜神。这给他带来的后果就是自取灭亡。这,就是偶像崇拜。

如果一个人思想神、承认神,然后他说,我想现在就抓住神、明白神，所以我必须做一样东西，在我面前代表神，于是他就开始制作那个替代物。那么，他就是在做一件既不可能又于事无补的事情。确实，做一个替代物如此简单、容易，可以说是自然而然的一件事。人会说，给我一件能让我看到的，这样神就仿佛一直在我眼前。所以，人要满足自己这个要求，唯一能够做的事情，就是将他自己的或者别人的内在特质，扩大为无限和永恒。所有有影响力的偶像崇拜，其生成和发展过程莫不如此。而一些低级形式的偶像崇拜会将动物神化，这毫无例外地将野蛮和兽性带给崇拜者。然而，当人将自己扩大为无限，将神说成是一位无限的人时，他所建立起来的，最终必会流产、变形、走向失败，就像力量之神宙斯、残忍之神摩洛以及欲望和不洁之神巴力。因为人本身就是有限和不完全的，所以所有根据人的内在特质所发展出来的神的替代物，都必定是对神的歪曲和错解。

以色列人做牛犊来代表神，这是低级的偶像崇拜方式。他们弃绝了真知识，被他们自己本性里的动物罪性所污秽和沾染。

任何宗教形式，如果其基础是否认神对他自己的启示，那就是偶像崇拜。我不是在说印度，也不是指中国或者非洲。我是在想那些有名无实的基督教国家，他们所认为的神，已经与神对自己的启示大相径庭。

但是，人一定需要某种表现出来的形像；而且，神已经赐给了我们。在时候满足的时候，耶稣基督道成肉身来到我们中间。在保罗所写有关耶稣的不朽文字里，他说基督是"不能看见之神的像"（西一15）。今天的偶像崇拜试图敬拜神，却否认耶稣是以人的样式来全面地揭示神。如果人们只把耶稣放在人的层面理解，说他的教导我们可以接受，可以赞同并尝试遵行，但我们也可以想办法拯救自己。这些人其实是偶像崇拜者。他们在错误的地方敬拜神，那是作为替代物的假神的殿。就像从前一样，这样的属灵犯罪，现在同样在迅速污染着人们的生活，从个人到家庭、社会以及国家。当今世界人们之所以普遍感到烦躁不安，是因为人作为偶像崇拜者，他们转离了在基督里所揭示的神的本像。

现在，我们来检视下面经文中有关以色列情形的表述："亲近偶像"(四 17)。"亲近"这个词非常有趣,其最根本的意思就是"连接",但是参考其他文献,在希伯来文中通常的用法是指"被控制住",就像被符咒所控制住那样。所提示的意思是被坏事情所迷惑,就是被偶像崇拜的咒语所控制的意思。以色列被他们自己的毒药所迷惑,被他们对神的错误认识所欺骗。并且,这在起初就是他们自己的选择,虽然到现在情况变得更糟,但整个国家仍然对此心满意足,与其连合,被其控制,欣然享受罪中之乐。而先知看到的却是偶像崇拜对他们的毒害和欺骗。

从我内心来说,最大的恐惧莫过于当前人类对虚假宗教形式自满自足的态度。这种满足感导致物欲横流、自我辩护以及对神的悖弃。因此就有人宣称说神已经死了,再没有关心我们的神了,我们是我们自己本性的受害者,或者战胜者——这一切都是我们自己的选择。行为主义、人文主义等思潮否认道德责任的存在。请留心观察支持这些观点的文学作品是如何铺天盖地,让我们的年轻人无所适从。这都是源自对神的错误看法,都是以宗教名义横行于世的。新闻媒体大量印发完全没有道德底线的出版物,在他们所能影响到的范围内散布同样内容的信息。其中的教导直指道德核心,宣扬说教会的道德标准和耶稣的道德标准已经过时,毫无价值。但是,这些宣传很大程度上是针对神的,是对神的不敬畏。那些作者无视于圣经对神的描述,神是圣洁的,他是慈爱的神,与邪恶毫不妥协。那些人的做法就是偶像崇拜。如果某个人或者某个民族被称为"亲近偶像",这是多么可悲的事情啊。

所有这些不仅将我们带到先知所发出的命令上,也给这一命令以更重的分量:"以法莲亲近偶像,任凭他吧"。这意思是说,在我们所处的时代以及按我们的思维方式来说,对神的忠诚是不得打折扣的。因为神向我们启示他是独一真神,所以不存在任何妥协的余地。对基督的忠诚也不能在任何意义上与对他的否认相混淆。当今的世代,各国普遍存在的妥协倾向,其实就是严重的背叛。空气中弥漫着一种情绪和思潮,就是要牺牲掉基督信仰和拿撒勒人福音的核心内容。有关耶稣,存在着一种广泛的共识,就是要将他与其他尊者同等,甚至将他与他们做比较。这是对耶稣的完全否认,也是一种不易察觉的偶像崇拜。对此,神给出的应对恰如其分:"以法莲亲近偶像,任凭他吧"。

1893 年芝加哥举办了一次世界博览会,会上有一场大规模的关于比较宗教的讨论。那次讨论对传教事工的危害比我们所能了解的更甚。当我们同意坐下来对耶稣和佛陀、琐罗亚斯德以及其他早期人物进行比较,我们就是在对自己所传信息进行妥协了——耶稣基督不在比较范畴所列当中。龚斯德(Stanley Jones)的故事则完全相反,他邀请其他宗教人士举行圆桌会议。他邀请了印度的教师、部落领袖和诗人与他同坐,但是他一刻也没有同意将基督与其他人作比较。他所作的,就是将耶稣的绝对独一性和完全性展示给大家。这就是区别。

人必须真实地面对自己的良心。有人问我是否会参加有其他宗教代表发言的会议——就是伊斯兰教徒和犹太教徒参加的会议。我的回答是"不"。我尊重伊斯兰教徒,我也尊重犹太拉比,但我还是不能与他们站在同一个宗教讲台上。

如果有人说他对作为替代物的假神的说法并不确定,我会回答他,他其实是对耶稣基督也不确定,是对耶稣的完全性不确定。只要我们认同可以对耶稣进行比较,我们就不再是基督徒了。只要我们将他与其他人比较,那就说明我们还没有升到理性上理解他的高度,就更不用说在意志上会降服于他了。除非我们将他视为独一的"无形之神的像",就是能够填满整个视野的,否则我们就根本没有真正认识他。我们与他之间的关系,就不存在完全的忠诚和委身。时候将到,不,时候已经到了,就是敬虔之人至少应该将自己分别为圣,不与任何歪曲错解神的形式为伍——即便那是一种新的耶稣的代表形式。只要与圣经启示的内容相抵触,绝不可以做出任何妥协。

可能有人会反对说,如果坚持这一点,基督教会的规模就会减小。对于在基督里的神的国度来说,这样或许更好。我为今天的教会叹息,因为对统计数据的热情正侵蚀着我们。我有时很害怕有弟兄告诉我说,他们教会的规模在全州或者全市最大。这很危险啊!

我倒很愿意获准来修正他们教会会友的名单！知晓会友名单上有多少人是真正代表基督核心精神的，这一点很有意义。对普通士兵的精选常常可以加强战场上的战斗力。以法莲亲近偶像。犹大啊，偶像崇拜的咒语笼罩着以色列。他们被咒诅，他们在昏睡，他们被毒害了。他们受到欺骗，他们注定失败。犹大啊，站远些！不要与他们结盟！站远些，为了保住你自己的灵魂！"你们务要从他们中间出来，与他们分别"（林后六 17）。

最后需要明确一点的是，所谓分别出来，并不是要你对那些与之分别出来的人心怀苦毒，而是要对他们满怀热爱、同情和尊重。

犹大啊，"以法莲亲近偶像，任凭他吧"。神不是要丢下他们不管，神是顾念他们的。我们很快会听到神发自内心的呼声："以法莲啊，我怎能舍弃你？"（十一 8）但是，因为以法莲离弃了神，我们就无法在他崇拜偶像的事上与他有染。这个原则可以用于我们每个人身上。对于离弃神的人，我们不能有任何妥协。但是对那些以神的名义站稳立场，不与假神为伍的人来说，"任凭他吧"，则是一个鼓舞人心的号召。

4　　　　　　　　　　与神分离（五1～六3）

> "我要回到原处，等他们自觉有罪，寻求我面，
> 　他们在急难的时候，必切切寻求我。"
>
> 　　　　　　（何五 15）

耶和华这样说："我要回到原处，等他们自觉有罪，寻求我面，他们在急难的时候，必切切寻求我"（五 15）。在这一章里，先知的信息分别是传给祭司、百姓和国王的。这些信息最终是针对以色列全体国民的，但却是通过祭司和国王，即宗教和世俗领袖来传达。重点是，污秽已波及全国，神随之而来的审判将要降临到这个国家。

此时整个社会局势极其黑暗和险恶。以色列悖逆了自己的神，犹大也处于危险境地。值得注意的是，先知在其信息中有两次将犹大和以色列联系起来讲论。在前面的研究中，我们一直在查考给犹大的那句话，这是先知越过南北两个王国的边界线来警告南国不要与以色列结盟，他说："以法莲亲近偶像，任凭他吧"（四 17）。

很显然，犹大并没有听从这个警告。他们一直在与以色列连合，还从亚述寻求帮助。北国和南国之所以存在这样的政治联盟，是因为他们试图借此让自己摆脱即将到来的灾难。先知在一开始特别给北国的信息中，两次插入对犹大的讲论。总之，以色列和犹大此时都处于堕落和败坏的历史时期。

有鉴于此，先知警告国民，他们将要受到审判的管教，并且告诉他们，这审判是渐进性的。对于其中的两次审判，先知以比喻的方式描述，对最后一个审判，却使用明确、直白的语言。第一个审判是在第十二节："我使以法莲如虫蛀之物"（五 12a）；第二个审判是在第十

四节:"我必向以法莲如狮子"(五14a);最后一个审判是在第十五节:
"我要回到原处"(五15a)。

第一个审判的比喻与蛀虫有关。就是那小得不起眼的蛀虫,却
可以找到通往东方财富的道路,并将一切毁之殆尽。第二个审判用
狮子作比喻。狮子猖狂、暴怒,能够撕毁一切、势不可挡。然后是最
后的、也是最可怕的一个审判,神让自己退后:"我要回到原处,
等……"(五15)。

这些警告严肃至极。蛀虫很可怕,狮子也很可怕;但是如果神让
自己退后,那却是可能发生的灾难中最可怕的事情。

然而,有一点接下来必须充分注意,那就是紧随这严肃警告之
后,响起一个揭示神心意的音调。警告的前面部分让人胆寒:"我要
回到原处"(五15a),紧跟着是一个看似微不足道、但又引人注目的字
"等",从这个字我们可以看出神的心意。我们读到这个字,以及它后
面的内容,就会发现神的用意:"我要回到原处",但那并不是出于我
的意愿,也不是我所渴望的,更不是我想要的,"等",等什么?"等他
们自觉有罪,寻求我面"(五15b)。然后,神的话语唱出的不仅仅是
希望之歌,而且是一首必胜之歌:"他们在急难的时候,必切切寻求
我"(五15c)。

这样,我们在这里听到非常严肃的警告,同时也启示了相应的解
决方法,还有揭示神心意的结语。对于这个警告及其解决方法,我们
现在按顺序来逐一详细考虑。我们要查考这警告的严肃性,了解所
述灾难的可怕性;然后要研究提出警告的方式,因为这方式启示了神
的心意。

这是句很奇怪的话语,让我们必须停下来认真思考——神对这
些百姓说,他要离开他们;他要走;他要退后;他要回到原处。

当然,若用神学术语来解释,这里所用的是拟人化语言——神如
同世人一样,他身体离开、回到原处。从某个方面来讲,这句话意思
很简单,是说与人们同在的神要离开他们退后了。他宣告,按照当时
的状况,他要离开了。

然而,在思想这个警告的时候,我们有必要留心其中的局限性。

我们知道,无论世人如何邪恶,也无论世人如何叛逆,神都是永在的。我们也知道,或者换作敬虔的话说,他的同在永远不能退后。他本体的特性如此,实际上的同在亦是不争的事实,而神的管理计划也永远真实有效。他的退后并不是意味着他放弃自己的管理计划。我们必须小心谨慎地去理解很多事情。关于这类事实,在后来的历史事件中有令人吃惊的描述。那就是有关伯沙撒王宫夜宴的记载。我们都很熟悉那个故事,很有戏剧性,也很震撼,更闪烁着启示之光。当伯沙撒王与他的一千大臣宴饮的时刻,当他们把掳掠得来的圣殿器皿供自己俗用的时候——直到彼时各器皿尚存些许圣洁——他们将器皿灌满酒,他们正是用这些器皿狂喝滥饮,直到喝醉。他们胡言乱语,酒气冲天。正在这时,墙上出现了一些字——"弥尼,弥尼,提客勒,乌法珥新"(但五25)。按照但以理对这些文字的讲解,这句说给王听的话着实让人吃惊:"没有将荣耀归与那手中有你气息,管理你一切行动的神"(但五23b)。在某种意义上讲,神自己退后了,灾难来临;而从另外的意义上讲,他并未退后,"你气息",也就是伯沙撒王的气息,已经迷乱,酒精让他开始胡言乱语,行为也不检点——亵渎了"那手中有你气息……的神"。我们知道,神从未远离,也不会远离。我们也知道,他的管理计划从未中止。哪怕他说"我要退后"的时候,他仍在执行其管理计划。

这是深藏于我们所有人心中的一个真理,是我们都不应该忘记的。没有人能逃脱神的统治和管理,也没有人能真正从神的统治体系中逃脱。我们说到人的悖逆,以及他们悖逆的天性,他们与天国对抗的行为,他们挥动亵渎又邪恶拳头的样子,他们蓄意打神的脸,但是他们从未逃脱神的统治和管理。我不明白自己个性中的神秘元素,它会使我不自量力地顶撞神的管教。如果我这么做了,他会破碎我,管教我。我也会在懊悔中将自己隐藏在神里面,这时,他就会施行医治。无论怎样,不管是靠着律法还是靠着恩典,他掌管一切。所以,我们可以认为,神从不退后,因为我们是在他里面,才得以存活、得以行动、得以实现我们的所是。我们的气息存留都掌握在他手里。

那么,这是什么意思呢? 很明显的,这句话的意思是他在引导上要退后一步。他要任凭他们跟随自己的喜好,他要放任他们作出自己的选择和决定。他要放任他们,是因着他们诸多的悖逆,他要让自己退后不再干预他们、不再施恩典给他们。曾几何时,这恩典使他们在罪中得免灾难和损害。他说:"我要回到原处",这样你们就可以一路按你们的行程继续下去,我不会再设置新的障碍给你们,"我要回到原处"。

这种退后实际上是最大的、终极性的灾难,足以倾覆一个国家,任何国家;足以毁灭一个人,任何人。任何国家、任何人面对这种退后,都是在劫难逃。因为如果神撤回他的干预,我们所失去的是什么呢? 是圣洁的诫律,是绝对智慧的保证,是完成事业的充分优势,是将事业进行到底的可能性,更为重要的是,我们失去的是爱。

如果神让自己退后,我们仍然可以根据自己对外部情况的考量,制定出行为规范和标准,但是这些标准最终会被破坏殆尽,因为除非圣灵吹进我们的伦理标准,否则这些标准必归灭亡。人类历史上这样的例证不胜枚举。当今世界仍是如此。当神让自己退后时,人就开始宣扬说世上没有圣洁这回事。有人会反对这种说法,我们并没有听到谁这么说啊? 但是,我们听到有人说世上不存在罪这回事,如果世上没有罪这回事,那世上也就没有圣洁。当神退后时,对与错的区别不复存在。道德是植根于宗教的。当宗教——请按这个词最高和合宜的意思去理解它,即作为人面对神的一种自我约束,就是将人安置在与神的正确关系当中——什么时候消失了,道德就会枯萎、死亡,成为娱乐漫画的笑柄,传媒杂志的篇尾噱头,以及无神论哲学家的嘲讽对象。圣洁被打折扣、被忽略。"我要回到原处",当神这么做的时候,对圣洁的异象和热情就消亡了。

与此同时,智慧也失丧了。这简直令人难以置信。年长的可以夸口自己有知识。很多人在讲智慧的时候,并不考虑神的存在。但那是智慧吗? 用知识思考人生、对各种事物深思熟虑,却将超越的神关在考量大门之外时,这知识还是智慧吗? 倘若神被排除在外,人类头脑的任何活动会将自己引向人类福祉的最终目标吗? 人类所有的智力活动除了本质上的愚拙还有什么别的吗? 人脑的所有思维活动都愚不可及,是最具毁灭性行为的最疯狂状态。

如果神让自己退后,同样真实的另外一件事情,就是力量也收回了。肉体和头脑的些许活力会持续一段时间,但是如果生命的属灵中心死了,精神和身体会随之萎靡和枯干,或者说它们的各种能力会最大程度地退化。人活着不单是靠食物。

最后,也是最具毁灭性的后果,如果神让自己退后,爱也随之消亡。使徒约翰说:"神就是爱"(约壹四 8b),这是多么真实的事情!很多被称为"爱"的,其实是自我中心。所以那种爱缺少了以神之爱为中心这个至关重要的原则。这正是耶稣基督为我们被带到十字架上那种虚己精神存在的根本原因。

如果以上列出的是这一审判的本质,请考虑一下所产生的后果。根据这卷先知书和整个圣经,甚至整个人类历史的启示,我们一直得到的教导是,除非人先离弃了神,神从不离弃人。也可以说——我会使用非常人性化的语言,因为除此以外的表达方式我一无所知——神从不离弃人,除非他用尽了所有的管教方法。首先是蛀虫,然后是狮子,只有在这些方法都不奏效的时候,他才让自己退后。蛀虫既微小,就不那么令人害怕,但是它会削弱人的力量,导致繁殖力的倒退。这是神的作为,希望当人意识到自己软弱的时候,受到激发和刺激,进而重新发现并找回力量的源泉。"我使以法莲如虫蛀之物,使犹大家如朽烂之木"(五 12)。这时的灾祸使以法莲确实知道自己的软弱,但是他们并没有转回向神。"以法莲见自己有病,犹大见自己有伤,他们就打发人往亚述去"(五 13a)。他们已经败坏。蛀虫管教的目的是使国民知道他们的软弱并寻求力量的源泉。这种管教的确产生了这个效果——但是,他们却往亚述去。所以蛀虫的方法还不够。于是神说,我再用另外一个方法。我要像狮子一样,向犹大家如少壮狮子:"我必撕裂而去,我要夺去,无人搭救"(五 14b)。又快、又急、又严重的灾难随之而来。这审判是为了什么呢?同样,是为了把国民带回转向他。如果这也失败了,就是所有管教的方法都用尽了,却仍不能带来回转,那么最终、也是最严重的审判就不可避免了。神会退后:"我要回到原处"(五 15a)。只有当情况变得毫无希望、他再无从诉求、无路可就,当所有的连接点都被切断的时候,神才会与人分离。

　　没有人能准确解读自己所处的时代,只有距离才能产生真知灼见。但是,我们在阅读这些章节时,不可能看不见针对我们目前社会现象所闪现的处处亮光。回顾半个世纪,至少会发现很多严重问题的产生原因。不可否认,我的思路更多是集中在我自己的国家上。但是我认为对于美国也适用。从现在的角度往回看所经过的那些年岁,我意识到蛀虫的管教方法,就是整个国民品性正经历着缓慢的衰败,期间并没有发现有寻求神的。然后就是那些狮子和少壮狮子的年份,灾祸连连,触目惊心。我不是说自己找到了最终答案,但我确实好奇,这些事件是否带领我们归向神呢? 我不是要找出答案;但如果回答是否定的,那么我们的国家就是处于神审判的危险之中——他可能任凭我们偏行己路。

　　我们都深爱自己的民族,并愿意为其最高利益献身,这必然会使我们深切意识到所处的危险,也必然驱使我们祷告,祈祷这件事情不要发生——神不退后离开我们。

　　但请不要忘记这一点——除非世人离开他,否则他永远不会离开世人。"神在基督里,叫世人与自己和好"(林后五19)。他从未离开过世人,是世人离开了他。我们最棒的赞美诗里的用词或许并不精确,有时候我们如此唱:

　　　　　"上主与人和好,赦罪慈声呼召,
　　　　　　接纳我为儿女,今我不再畏惧,
　　　　　充满信心与主相近,欢欣呼求'阿爸,父'。"
　　　　("我灵奋起",《生命圣诗》第364首。——译者注)

　　我很喜爱这首赞美诗。毫无疑问,我能一直唱到自己人生朝圣的终点,甚至有可能更久——但是,每次我唱这首歌,对其中第一行的理解都有些许不同:"上主与人和好"。更深一层的真理是,我与神和好。只要人不将自己的后背转给神,他永远不会先把后背转给我们。除非在我们个人的心中产生了阻隔,或者时过境迁,或者世风日下，除非这些因素隔断了所有与神联系的可能性，否则他从不会放弃我们。耶和华说："我要回到原处"。为什么呢？因为以色列和犹大离弃了他，尽管他尝试了各种办法挽回他们。只有人离弃神的时候，他才离弃人。神用了各种各样的管教方法，每一种方法都是为了拯救我们免遭患难，将我们带回，留住我们。但如果没有得到我们回应，他将无可避免地离弃我们。这不是神的选择，而是我们自己这么选的。

但这并不是全部的内容。如果是的话，我几乎不敢谈论前面的内容。但真的不是仅此而已。在那严峻、恐怖的时刻，就是先知何西阿和以赛亚对以色列和犹大讲论的时候，情况看起来毫无指望，因为神让自己退后了。即便是这样，神仍在自己退后的同时赐给我们一个希望的音符。在所有其他先知书里面，我们发现同样的原则。以西结书中，我们看到神让自己从圣殿和子民当中退后，但是回归和恢复依然在望。当我读到："我要回到原处，等……"（五 15），那个简单的字就像是一束光，即便是翻译出来也是同样不起眼的一个字，吸引了尚在恐惧中的人们的注意力。同样引人注意的事实是，用直白的人类语言来讲，就是神离开了，他不情愿地离开了。虽然他说，我要走了，但是我本不想走；我是要回到原处，那是因为你们不愿与我同在；但是，门是为人们敞开着的。

那个简单的"等"字道出了多么明确的款款深情！在新约同样让人难以忘怀的经文中我也看到了这一点。让我们一同来读这些文字，马太福音二十三章三十七至三十九节："耶路撒冷啊，耶路撒冷啊！你常杀害先知，又用石头打死那奉差遣到你这里来的人。我多次愿意聚集你的儿女，好像母鸡把小鸡聚集在翅膀底下，只是你们不愿意。看哪，你们的家成为荒场，留给你们。我告诉你们：从今以后，你们不得再见我，直等到你们说：'奉主名来的，是应当称颂的。'"

旧约书卷中的神和新约书卷中的神，都是离弃了一个国家、离弃了一座城，离弃了一个民族。为什么呢？是因为他们不愿意要他。我本"愿意聚集你的儿女，好像母鸡把小鸡聚集在翅膀底下"，多么明确而精当的语言啊，将神的母性表达得淋漓尽致。但是，你们不愿意;所以"你们的家成为荒场,留给你们",这里存在着一种精致而辛辣的幽默感——"你们的家",指的是圣殿。他之前将它描述为"我父的家"(路二49,英文 NIV 版如此。——译者注),但是现在他称之为"你们的家",而不是神的家了。在何西阿的年代,伯特利是神的家,但是被称为伯亚文,那是虚华之家的意思。"你们的家成为荒场,留给你们"。

就这些吗? 耶稣口里所说的命运就是最后的结语吗? 不! "你们不得再见我,直等……"——留着门呢。听啊,这是多么美妙的乐声,那个简单的"等"字里蕴含着多么伟大的和谐之音。整个警告结束于一个音符上,告诉我们他愿意再来。

我们回到何西阿书。神告诉百姓他将如何再来。神什么时候回来呢? 他说我要离开你们,等……他什么时候回来? 他真的会再回来吗? 他反复地被拒绝,为他子民的不忠而伤心。因为圣洁和爱的缘故,他必须离开他们。他什么时候回来呢? "等他们自觉有罪,寻求我面"(五15b)。首先,这是说等"他们自觉有罪"的时候,就是他们转离自己偶像的时候,也就是他们寻求我面的时候,也就是他们回转来到神面前的时候。

当保罗给帖撒罗尼迦人写信,描写完全的基督徒生活的时候,他说:"你们是怎样离弃偶像,归向神,要服侍那又真又活的神,等候他儿子从天降临"(帖前一9～10)。从偶像转到神,从罪转向神,从长期愚拙的悖逆回到神面前,就是这样。若人回转向神,神就回转向人。

这样,严厉的警告以盼望的音符结束,门并没有关上。"我要回到原处",虽然他这么说,但还是留着门,门虽合着但没上闩。如果你们想要寻求我,就能够找到我。

许多年以来,我总是不时地想起这个故事,并且愿意与人分享,因为这个故事是说明这一真理的最好例证。故事讲的是一位苏格兰母亲和她曾误入歧途的小女儿珍妮特。女儿与家里断绝关系,进城去了,去做那最为堕落的事情。母亲不知道她的踪迹,长达十年没有她的音信。就在一个夜晚,珍妮特回来了;就在夜深人静的时候,她回来了,形销骨立,身心俱疲。她穿过路边的小径走向自己的家。当她走近的时候,看到窗户透出微弱的灯光,她感到害怕——她在想,是不是母亲不在了,或是生病了? 夜深人静,灯火摇曳,意味着什么呢?! 她踟蹰前行,心怀忐忑,来到门前,想打开门闩。然而,她发现门根本没上闩,门没有闩上。就在她打开门的一霎那,有声音传出:"珍妮特,是你吗?"楼上的母亲已是等待十年之久。女儿说道:"妈妈,为什么还点着灯? 我还担心是不是你生病了。"——"孩子,自从你离开家后,夜里就没有熄过灯,大门也从未上过闩!"

"好像母鸡把小鸡聚集在翅膀底下",直等到你们"自觉有罪,寻求我面"。神说,若你如此行,门就为你打开。他的审判令人望而生畏,也必须如此。但是,蛀虫和狮子旨在救拔我们。如果我们从这使我们一切的力量从减弱直至丧失的管教中学不到什么的话,如果我们从争战的流血、丑恶和悲惨中学不到什么的话,或许神不得不说,我要回到原处,离开你们,离开你们让你们自消自灭,离开你们直到你们与神之间创建新的联系切入点。就神而言,只有当我们认罪、弃绝偶像,并回转寻求神面的时候,这个切入点才得以创建。因着人的选择,审判是无可避免的,也是必要的;但当人转向神的时候,神留着门。门虽合着却没上闩,还有窗户上透出的灯光!

在这一段的默想中,我将第六章的前三节经文也划进来了,作为预习阅读。之所以这么作,是因为这几节经文包含先知向人们的呼求。他呼求人们回转并进入那扇留着的门。这是圣经中能发现的最温柔、最美丽的呼求。在随后的研经中,我们还要做更全面的剖析。在结束之前,让我们阅读这几节经文:

"来吧,我们归向耶和华! 他撕裂我们,也必医治;他打伤我们,也必缠裹。过两天他必使我们苏醒,第三天他必使我们兴起,我们就在他面前得以存活。我们务要认识耶和华,竭力追求认识他;他出现确如晨光,他必临到我们像甘雨,像滋润田地的春雨。"(六 1~3)

5 神的难处(六 4～11)

> *"以法莲哪,我可向你怎样行呢?*
>
> *犹大啊,我可向你怎样作呢?*
>
> *因为你们的良善如同早晨的云雾,*
>
> *又如速散的甘露。"*
>
> (何六 4)

随着我们深入阅读这卷先知书,会发现其中的精彩启示,启示了神在一个民族属灵问题上的争战。启示的信息既描述了神发自内心的热情,又讲了人意志上的悖逆。

在前面的默想中,我们关注了前一章最后一节经文:"我要回到原处,等他们自觉有罪,寻求我面"(五 15a)。对于犯罪的民,这是神最终的审判,那就是他自己退后,神收回他的同在——这是针对引导和治理层面讲的。神弃绝百姓,任凭他们自由选择,任凭他们按照自己的决定和他们自己的邪恶本性行事。但是,我们看见严肃警告的结尾却留了一扇门。他说:"我要回到原处,等",回归的路已经指明:"等他们自觉有罪,寻求我面";这里所启示给我们的神,是即使他让自己退后,他也不情愿放弃我们。

以上摘取的经文与前一章(第四章)紧密相连,属于系列教导,因为先知直接说出神要回到原处那句严厉的话;然而,这句话的结尾却提示人们,如果他们自觉有罪并寻求神的面,那么门是留着的,神在等待他的民归回。先知口中发出的应该是圣经文学中最温柔、最美丽的呼求,这呼求就是第六章的前三节经文的内容。现在让我们回头来看。

鉴于即将来到的审判的启示性言语，也鉴于所预言的事实——神已经暗示了他对人们归回的愿望，先知对人们说："来吧，我们归向耶和华！他撕裂我们，也必医治。"这是一项重大的呼求，带有弥赛亚的应许，令人振奋。直至时候到了，弥赛亚降临之前，无人了解其最终意义。但是对于那些听到这预言的人们来讲，却具有最直接的价值。

接着，在插入这哀伤、美丽的呼求后，突然间听到神的声音："以法莲哪，我可向你怎样行呢？犹大啊，我可向你怎样做呢？因为你们的良善如同早晨的云雾，又如速散的甘露。"（六4）"我可向你怎样行呢……我可向你怎样做呢？"这话很奇怪，也很令人惊讶，这话宣告了神的难处，也启示了产生这难处的原因："你们的良善如同早晨的云雾，又如速散的甘露"。

让我们首先考虑一下这里揭示出来的事实——即，神有难处；并因此思考我们可能提出的要求——有什么解决方案吗？看起来神存在难处。是否存在什么出路让神摆脱难处呢？

如我所言，神的难处在他提出的问题里得以显明。先知使用了一个大胆的比喻，当然，是神通过他的仆人这么使用的。我认为我们越安静自己，越仔细思考这个问题，就越能发现其中的惊人之处。如果一个人问：要想得救，我应该怎样作？我能够理解他。但在这里，是神在说："要想拯救他们，我应该怎样做？"这不是来自人对神的呼求。而是神在寻找人，是他对人的呼求。这不是人找不到神而处于困境的情景，却是神于人无能为力而感觉为难的画面："以法莲哪，我可向你怎样行呢？犹大啊，我可向你怎样做呢？"（六4a）

旧约先知书系列中不只一次地表达神的这个态度。以赛亚书第五章刚开始有关葡萄园的伟大诗歌开篇是这样："我要为我所亲爱的唱歌，是我所爱者的歌，论他葡萄园的事。我所亲爱的有葡萄园在肥美的山冈上……指望结好葡萄，反倒结了野葡萄。"（赛五1～2b）然后，为了解释这个比喻，神的话记录如下："我为我葡萄园所做之外，还有什么可做的呢？"（赛五4a）处于北国的何西阿说："以法莲哪，我可向你怎样行呢？犹大啊，我可向你怎样做呢？"（六4a）与何西阿同时代的以赛亚在南国讲论着同样的事情。他说神在面临为难的境地:"我为我葡萄园所做之外,还有什么可做的呢?"还有另外一位先知,也是在这一时期兴起事工的,就是弥迦。他传达神的话:"我的百姓啊,我向你做了什么呢?我在什么事上使你厌烦?你可以对我证明。"(弥六3)所有这些信息揭示的神的内心状态,都让人难以忘怀。

我们可以直率地问,这到底是什么意思呢?神为难之处到底在哪里呢?为什么面对一国、一民,神的呼求如此绝望、如此为难?答案已清楚给出。神给出他为难之处的原因,并非是人的罪,也并非他们被污秽。整卷先知书的确都在揭示人们的淫荡、偶像崇拜、醉态、兽行;但是这些事情并不让神为难。当神提到他的为难之处时,只字未提他们的罪。

那么,是什么让他为难呢?是他们的良善。这就是麻烦所在:"因为你们的良善如同早晨的云雾,又如速散的甘露。"这里,我确确实实发现一个让我们大吃一惊的观点:神在良善面前处于为难的境地!

请记好这里的修辞手法。早晨的云雾和甘露,这些都是美好的事物,极其精致、美丽。当太阳升起,早晨的云雾便带着美丽逝去;而美好清晨的甘露呢?每片草叶上闪烁着彩虹般美丽的甘露,同样辉煌又美好。早晨的云雾美妙绝伦,甘露也是柔美无比:"以法莲哪,我可向你怎样行呢?犹大啊,我可向你怎样做呢?因为你们的良善如同早晨的云雾,又如……甘露。"

我们继续往下读,这里有一个深具启示的词语:"速散的"。早晨的云雾,还有甘露,这二者都极其美丽,但却如此易逝。它们脆弱到无法等到收割,就被太阳的热量消散,更无任何永久的结果可言。良善易逝,这才是造成神为难的原因。我非常愿意将这一点放在首位来讲。神的难处不是丑恶的罪造成的,神的难处不是由于人类灵魂被污染、偶像崇拜或者兽性而产生的。这些问题,神有能力处理,但是当良善仅成为早晨的云雾,仅成为速散的甘露的时候,神处于极大的为难境地当中。

何谓良善?在英王钦定本圣经(KJV)的边注里,你会看到"建议使用'怜悯或仁慈'（mercy or kindness）代替'良善'（goodness）"；而无论英国还是美国的修订版则都建议使用"仁慈"（kindness）——"你们的仁慈如同早晨的云雾，又如速散的甘露"。但是，我们必须更细致地加以考究。"良善"是原希伯来语表达的基本含义——低头的意思，在使用的时候常常用以指"态度和蔼"，也就相当于"良善"一词了。在此，我认为无论是"良善"还是"仁慈"都不能充分表达神委屈的本意。该词暗示低下头颅的处世态度，那么在承认该词含义"良善"寓意的基础上，我认为其更启示了"仁慈"的根本性质，可以如此表达："*以法莲哪，我可向你怎样行呢？犹大啊，我可向你怎样做呢？因为你们的顺服如同早晨的云雾。*"良善是正确的，因为所有的良善均是源于顺服神的结果；仁慈也是正确的，因为所有的仁慈也产生于如此的顺服，但是在这里我们应该回到该词的本意，这一点很重要。该词既启示了何谓良善，又启示了神的难处。我心怀虔诚，试着从神的立场来解说：神说过，我要退后，回到原处，任凭百姓偏行己路，直等到他们寻求我面。然后，神通过先知的口叫他们归回，却很突兀地说自己为难了。是的，这的确让神感到为难。他们归回，但缺乏决心，没有永续的价值。他们来回的次数太多了，但这种归来实在毫无意义。他们虽然真诚地低下了头颅，但是他们的顺服之心却如此容易消散。

现在我们明白神对人的难处所在。我的罪，我各样的罪如同诸山，重峦叠嶂，但神都能够处理；而我的良善、我的顺服以渴慕、向往、追随的态度开始，却以迅速消亡结束。这让神感到为难。

请不要误解这一点。这些事情很有价值，都是值得的。不管是解释为仁慈还是良善，这态度都应该扎根于顺服的心，这样才是完全的美德。顺服总是始于对理想的渴慕，然后是向往，一路追随，直到完全的顺服。从本质上讲，需要刻意地去追随才能成就渴慕，才能实现理想。

有多少次，人们确实真诚地达到了那个地步。在那时不存在任何伪善，因为人们看见了与神的美好关系所启示的理想异象。我们渴慕，我们向往，我们要追随。但是如果无法最终实现顺服，那么一切都是枉然。这样一时的经历可能会一直跟随我们，即使实际生活与那时的体验并非一致，但我们对此仍然保持信心。非常多的人生活在那种状态里。过去存在着某一时刻，在那时我们有渴慕，有向往，有志追随，并将自己全然献上。曾经拥有这样的时刻，我们就因此满足了吗？远远不够！除非我们的渴慕、向往和追随产生出相应的结果，收获了丰富的果实，产生了现实意义，否则这样的经历毫无意义。如果说有价值，这种经历的价值就是作用在良知上，然后让良知麻木以致死亡。如果人仅仅信靠短暂出现的晨雾和甘露，神会说，我能做什么？我怎样将你从那些易逝的东西里拉出来？"以法莲哪，我可向你怎样行呢？犹大啊，我可向你怎样做呢？"

　　我们来追根溯源，问自己两个问题——"为什么人竟会以这种方式败落？""为什么我们常常会有前面提到的那种人生经历？"

　　这里所描述的良善，以及所指的人生态度，只在感观层面起作用。易逝的良善，易逝的顺服于神，这都是表层的感觉所致。有人会问，感觉有错吗？我的回答是，感觉不仅没错，而且是绝对有必要的。但是，感觉不是最终的决定因素。除非它有相应的理性思考和人格表现做回应，否则就总是靠不住的。感觉有它自己的一席之地，感觉有它独特的价值，感觉绝对是有必要的。但是，只靠感觉是不够的。

　　比奇（Henry Ward Beecher，1813～1887，美国律师。——译者注）曾经说过："感觉之于行动如同风之于船帆。"这句话真是让人侧目、发人深省。如果风太小，船只则不会前行多少；如果风太大，船只或许会失事。如果船只要向前推进，则必须有足量的风力。如果是龙卷风，船只必然存在失事的危险。这句话教导我们必须要控制自己的感觉，并通过某种方式加以强化，否则这感觉就容易消逝。对很多人来讲都是这样，他们的麻烦来自于感觉不够深厚。这就是良善易逝的原因。有时候，从另一方面看，感觉太过则容易让人轻狂，让他失去理性平衡。一旦成为事实，信仰本能和权能就会遭到毁坏。

　　现在，让我们记住这一点，感觉总是追求才智的结果。关于这一点，我并不想形而上或形而下地加以探讨，事实不证自明。我们的感觉不是任何其他的东西，而是情感与才智的结合。感觉总是源于对才智的追求。有了良善，我看到理想，我渴慕它，向往它，并定意追随要实现它。感觉就在那儿，但那是对启示的回应，启示理想的美丽，启示理想的荣耀。

那么，为什么感觉是易逝的呢？如果感觉不能落实到产生感觉的现实生活当中，它就会很快消散——因为人需要面对现实，要让自己的生命与之调和。与神有关的真理，如果只在表面上了解，那只能产生一些感觉、认可、渴慕、向往和定意。然而，除非我们转回来，面对现实，了解这些外界现实对内在生命的意义，并因此调整自己的行为，否则的话，良善就和早晨的云雾与甘露一样容易消散。

良善是顺服神、信靠神的自然反应，但是常常有难处困扰我们。除非我们的整个生命都植根于现实生活中，否则我们就无法面对现实，就无法做到持久良善。我们经常背诵使徒信经，开口说的时候内心应该是诚实的，但是却不能行出来。使徒信经伟大的开场白是一个基本启示："我信上帝"。我们经常说这句话。说的时候，我们内心应该是诚实的。说这句话的时候我们是在述说真理。说这句话的时候，我们是在表达一个理性上的概念和确信。不仅如此，在说这句话的时候，就是说这句话本身，无论是独自一个人还是与其他会众齐诵，我们都可以证明从理性的确信当中会产生情感活动。我们的确相信上帝，确认信仰这件事本身就包含着激情和喜悦。然后呢？什么然后？说完了这句话，我们离开圣所，回到每日的生活当中，度过每个工作日，在繁忙的世界里为生活奔波。我们严肃对待我们所确认的使徒信经吗？我们仔细考虑过自己的宣告意味着什么吗？我们是按使徒信经在安排自己的生活吗？如果不是，那我们的良善就和早晨的云雾和甘露一样，很真实、很美好，有彩虹的美丽色彩，有天堂的无上荣耀，但除非我们落实到产生这一刻良善的理智概念中去，我们的良善就毫无用处。如果我们没能做到这一点，我们的良善，就是情感层面对神的顺服，将很快烟消云散，不会给生命带来任何影响。这就是神的难处。这也是给受人尊重的一群人传福音比在救援现场给人传福音更难的原因。难处不在于人的罪恶，而在于他们的肤浅。托马斯·强卜奈斯（Thomas Champness）曾说过："若说神造国，则人建城,而魔鬼却筑起郊野。"从宗教立场看,这句话存在着真理的元素。人们认识了良善并且渴慕良善,但是这良善又如此易逝,就如早晨的云雾,阳光散射穿透;又如即将被白天的热量烘干并消散的甘露。同这些人打交道,比同我们称之为被击垮了的人打交道,神更有难处:"以法莲哪,我可向你怎样行呢? 犹大啊,我可向你怎样做呢?"

然而,良善易逝的另一个理由则是,感觉容许其他动机的存在,不能专心,我们在安定一项欲望之前容许其他欲望的存在。各样动机混杂,各种心思并存,这些都足以摧毁我们里面的良善。诗人大卫如此祷告:"耶和华啊……求你使我专心敬畏你的名"(诗八十六 11)。保罗也说道:"我只有一件事……向着标竿直跑"(腓三 13～14)。这并不意味着就生活细节而言,保罗在每一刻都只做那一件事。想想他的所作所为,他的旅行布道、他写的书信、各样众多的关注点塞满了他的生活。是的,但是所有那些重担都与一件事情相联系。而这却常常是我们的难处。首先我们对自己所信的能带给我们的光彩和荣耀并未认真思量,其次我们还让其他想法不断掺杂进我们的生活。这些都是良善易逝的原因。

现在我们来讨论第二个问题。针对这个问题,有什么解决办法吗? 或者让我们换一种问法:对待良善易逝问题,有什么解决办法吗? ——有,但是这取决于人,而不取决于神。紧跟揭示"神为难"的文字之后,我们看见这句经文:"我喜爱良善,不喜爱祭祀"(六 6a)。我们不能以祭祀来补偿我们良善易逝这种天性。请继续往下读:"喜爱认识神,胜于燔祭"(六 6b)。

那么,神有什么应对呢? 其实这不是问题所在。"我可怎样行?""我喜爱良善""喜爱认识神"。神可能是这么说的,事实上他确实会说,我通过众先知让你们了解我,但是你们对我的启示不作回应。我再说一遍,一定要从人身上寻找解决问题的方法。

但这并不是最后的话。要想知道最后的结局如何,我们必须回到这一章开头的召唤:

"来吧,我们归向耶和华! 他撕裂我们,也必医治;他打伤我们,也必缠裹。过两天他必使我们苏醒,第三天他必使我们兴起,我们就

在他面前得以存活。我们务要认识耶和华,竭力追求认识他。"(六1～3a)

请给其中的祈使句划线:"我们归向……我们务要认识……竭力认识"。如果我们遵从这些命令,我们就解决了神的难题,满足了他的心愿。"我们归向""我们务要认识",跟在后面的命令是最重要的:"我们要竭力认识"。

接下来,请继续在"他必"下面划线,看看我们会发现什么?"他必医治,也必缠裹,他必使我们苏醒,必使我们兴起,必临到我们像甘雨"(参六 1～3)。

这就是他想做的事情。这就是他一直等待我们去做的事情。除了我们所使用的语言之外,我没有其他的表达方式,神的广大和无限只能用人类语言去解释。通过这些,我们听到神对人发自内心的鸣咽和叹息。

"我可怎样行",耶和华可怎样行?毁灭他们,咒诅他们,扫除他们?那不是神。如果人真的被最终毁灭、被咒诅、被清除到没有神的黑暗虚空当中,那也是人自己的选择,而不是神的心意——"神不愿罪人死亡"(参结十八 23,32;三十三 11。——译者注)。在下面这些话语中我们听到那无限大爱的挽歌:"以法莲哪,我可向你怎样行呢?犹大啊,我可向你怎样做呢?"你让我为难之处在于你的良善就像早晨的云雾,就像速散的甘露。但是神说,如果你肯转回归向我,我就会处理你的淫荡,我就会处理你的野蛮兽性;但是,当你良善易逝,永远不会扎根结出果实的时候,对待这样的生活状态,我不会做任何处理。

我们是什么状态?不,不要问我是什么状态,我也不会问你是什么状态。你无权过问我的事情,我也无权过问你的事情。但是,让我们在启示的光中都来自我省察吧。我想知道神是否在对我们中的任何人说话:你的难处在于你的良善如同早晨的云雾,又如速散的甘露。渴望、向往、良好愿望,但是这些都那么易逝;又由于所渴望的事情并没有经过省察,生命就没有随之进行调整和归正,即便渴慕良善,但失败是必然的。

　　慈爱的神,让你手所造的伤口更重一些吧,好让你的同在、你的医治、你的缠裹、你的苏醒将良善带给我们,就像春雨滋润田地。我们归回、认识神,竭力追求认识神,但是我们无法将他从那与他的爱不相容的难处当中解救出来。

6

无意识堕落(七 1～17)

"头发斑白,他也不觉得。"

(何七 9b)

或者可以用稍微不同的方式来读这句经文,就是从希伯来文直译过来的句子,我觉得这个说法好像也更富诗意:"灰发洒落在他头上,他也不觉得"。

毫无疑问,这章的内容令人难过,是对整个国家状况的一个先知性诊断。当然,整卷书都充斥着对堕落、污秽的百姓及其所处的黑暗和极端险恶环境的描述。但是,本章的内容明确提出先知要处理这个问题。他表明神的愿望就是要医治和恢复。但是这一愿望之所以被阻隔,常常是由于通国的污秽,以及他们的任性和无视神的存在而造成的。每当遇到政治上的困境,以及与周边国家产生矛盾,他们就跑到亚述和埃及求援。让我重复一遍,他们是持续地无视神的存在,所以他们的实力和力量也是在持续衰退中——这个国家正在走向毁灭。

本章的经文中有两次说:"不知道","不觉得"。第一次是说:"外邦人吞吃他劳力得来的,他却不知道"(七 9a);然后又以生动的描写重复说:"头发斑白,他也不觉得"(七 9b)。情况的悲剧性体现在这两次强调的内容里:"他不知道……他不觉得"。"头发斑白,他也不觉得",这是人所遇到最危险的情形了。

在思考这里所用比喻的时候,我想说的第一件事情是,它所提示的完全与自然情况相矛盾。现在,让我来问你,有什么人能够不知道自己什么时候开始长白头发的吗?我想没有人会承认自己如此粗心吧！我们实际的经验肯定不是这样。我们或早或晚能够发现自己开始长白头发了。不管怎样，我们会发现的。所以，这里所使用的比喻是与事实相悖的。也正是如此，它才更加引人注目。当人发现自己开始长白头发时，他们或者自嘲，或者试图掩饰；而那些愚蠢的意志薄弱者，他们会将白发拔掉；还有更为愚蠢的，他们会给自己染发。我说的是男人！上面所述事实有可能适用于更广范围，但我这里仅指男人就够了。

"头发斑白，他也不觉得"，这很不正常，事实绝非如此。如果在先知的年代果真如此，那肯定是因为镜子不够用。镜子只有能够帮助我们发现自己长了白发，它们才算有用。但是对于以色列国，先知明确地说："头发斑白，他也不觉得"。

然而，这在物质世界完全不可能的事情，在道德和属灵的领域却往往再真实不过了。所以，先知的比喻不仅有道理，而且极其生动。衰老的迹象，在别人看来显而易见，但我们自己却毫无察觉。就这样继续下去，我们成为力量衰退的受害者。灵性上、道德上一步步败坏，不为我们察觉！外人看起来显而易见的现象，我们自己却视而不见。对于我们崇高美好的属灵生命，没有什么比不知败坏更可怕的情形了。有经验的外科医生知道，一旦疼痛停止，常常就是坏疽侵入的时候。在道德领域，头发灰白却不自知就是这个意思。

神给我作证，圣经中有一句话，每当我读到的时候都恐惧、战兢，是有关参孙的经文："他却不知道耶和华已经离开他了"（士十六20）。参孙之前知道圣灵在他里面显出的大能，也知道圣灵通过他曾做的工作，但他一而再、再而三地偏行己路，直到圣灵离开了他，他对此仍然一概不知。"头发斑白，他也不觉得"。道德和灵性堕落的迹象随处可见，周围人也看得清清楚楚，但是我们自己却看不见。我再重复一遍，一个人或者一个国家所经历的，没有什么情形比这更危险、更具灾难性了。道德败坏和灵性上的失败对他们来说就是咒诅，但是他们却一直都毫无察觉，仍然继续同样的行为，看似没有什么致命影响。从个别的和立时的意义上讲，可能是这样，他们仍然每周日去教会，每晚祷告，有规律地为神国在地上的基业做奉献。

但是，由于他们处在灵性堕落和道德污染的情况下，他们的败坏过程在其他人看来显而易见，衰退的迹象随处可见，唯独他们自己并不觉得。

在思考这一主题时，我们要沿着三条线索来查究：这样毫无察觉的原因是什么？其原理何在？解决方法又在哪里呢？首先，毫无察觉的原因何在？我现在不是在谈论疾病本身，而是在谈论有病却并不觉得，道德和灵性日益衰退而人却对此浑然不觉的这种可怕状态，这才是我唯一要谈论的事情。为什么会这样呢？其他人看来明摆着的事实，而自己却浑然不知？

第一个原因，不知道自己道德堕落、灵性败坏的人，是失去正常看问题角度的人。我使用"正常"这个词，是指其所含的"崇高"意义而言的。此刻我所思想的，不是从社会角度，也不是国家的角度，而是从个人的方面来看的。我在按神的标准和样式，按着理想的要求，思索每个个体的生命。并且，我在这里不是关心我们自己所造的理想标准，而是存在于我们内心深处的理想标准——直白些说吧，就是神对于我们的理想。

如果一个人不觉得自己失败，那是因为他丧失了关于真正标准的意识，其原因不外就是他丧失了有关真正行为规范的异象——虽然他口里有可能仍在提起有关理想的事情。他所说的理想，他所指的理想，并非理想。自己在道德和灵性领域头发灰白却不自知的男男女女充盈各处，他们的麻烦之处在于丧失了"正常行为规范"的正确异象。

人里面的"正常行为规范"应该是什么样的呢？首先，那是他的属灵天性；其次，圣洁是为美为荣的事实。因此，从人性来讲，身心状态屈从于属灵状态，只有当人成为属灵本质的外在表达时，才是有价值、有意义的。当今人们已经不这么看待人生了，这一点人所共知。这也正是今天人类的困境所在。人只狭隘地想自己的事情。或者我们可以回到已经得出的结论：人们丧失了"正常行为规范"的异象。

我们应该怎样思考人生？应该如何解读人生呢？理想是什么？

我们对人生当中的"正常行为规范"已经丧失理解，因为我们忘记了人性的最高境界既不是关乎身体，也不是关乎心理，而是关乎"气动学"的。我不是很喜欢使用这个词，因为我们已经失去这个词最首要的价值含义。人们在谈到轮胎时才会使用这个词！气动学在圣经中的意思是"属灵的"。道德堕落，为什么会这样呢？因为人正在逐渐遗忘其本性当中伟大和尊贵的成分，如果灵性被忽视或者成为生命中可有可无的成分，那么人生理想永无满足的可能。按现今的道德标准，一个人可以很容易达到，但是从深层次讲却毫无道德可言。我们会说一个人是社会中的好公民吗？但是我们说到社会时所指的是什么呢？普通的社会，平常的社会，文明的社会，审美的社会，精致的社会？我们不是否认说一个人在这些环境中表现不够好。但是，当他来到一个祷告的环境当中，他又感受如何呢？嗯，他会说："我不去那种地方"。我们都知道这一点。但是他为什么不去呢？因为他会感到自己在那种地方不合时宜。的确，他已经失去一种认识，那就是他做人最高的境界应该是与神相交，人生的终极天职并非是在每天恼人的琐碎中收集钱币。人生的终极意义得以实现，是当人与神同行、与神交谈的时候。如果他失去了这个认识，那么他就是头发灰白还不自知。原因在于，他没有了那种视觉能力。

人丧失了对属灵本质的认识，就不可避免地会用低级想法去看有关圣洁的事，也会忘记圣洁实为美善的前提条件。他会忘记除了圣洁之美，伟大而高洁的"道"的终极意义里其实再没有其他美善；他会忘记美善是源自于圣洁。有人可能反对说这是一种过时的人生观念，确切来说是维多利亚式的，或清教徒式的。事实上，这种观点比那些都要古老得多——与人类历史一样久远，甚至更久远；与宇宙的奠基一样古老，与承认万物都源自于神的哲学观点一样古老。与神隔绝的人丧失了这个观念，无法挽回。当我们丧失了灵里的感觉，丧失了深藏在里面关于所有美善的秘密就是圣洁这个信念，丧失了人类的身、心、神圣感、一切受造的，最终归根结底都是伏于属灵权柄之下这个信念的时候，我们就已经丧失了对人生中"正常的行为规范"的感觉。

　　有关"正常行为规范"的观点指的是,人生中的美善和辉煌,其核心就是信、望、爱。"信就是所望之事的实底,是未见之事的确据"(来11:1)。信,人所拥有的这个恩赐,总是来源于理智的岩石,但又能很快展翅翱翔其上、达到无限的神那里,并停留在那里,与神相交。信,我们在思考它的时候会牢牢抓住永生,并促使行为与永生的异象相合。信是不死的,它是力量和活力的源泉。人生价值无法实现,除非是在信仰的基础上才能做成。不论是个人还是群体,他们所取得的胜利都是活泼信心的产物。行动前面是梦想。我们少年轻狂之时,会有人对我们冷嘲热讽,说我们是在建造空中楼阁。的确如此,人生一定就是这样开始的。你家有个男孩正在这么做吗? 你胆敢让自己愚蠢到嘲笑他在建造自己的空中楼阁吗? 这就是信心。任何一个男孩子如果没有空中楼阁做前导,他是不会在地上建起一间小茅屋的。这就是信心。信心使我们钻山跨河,创造奇迹,无论我们绕山而行,或者钻透深山,我们的人生旅途都充满惊奇。然而,当信心仅仅限制在物质领域,不离开造桥和建隧道这些工程时,人性就得不到发展。我们也就丧失了对正常行为规范的异象。当信心不断地解读并使那些尚未掌握、尚未达到的事情变成真实存在的时候,当信心不断地建造楼阁,不是在空中,而是在广大的永恒之中,以及在未来的岁月当中的时候,人生就回归正常了。物质层面没有什么成就是终极的、完全的。人所建造的城没有完美的,最完全的城只能从神的天国降临。为了那城的建造,信心是最为必要的。

　　神允许我们还有机会重新得见人生的"正常行为规范",就是我们存在的真正意义所在,让我们重新明白那"规范"是多么庄严、多么辉煌而高贵,那是所有一切的灵魂中心。圣洁是美善的前提,我们身心的能力都是来自于属灵的渴望和与之相应的努力。这信心能够使人领会无限生命的意义,给我们渴望梦想得以实现的盼望,让我们拥有与神合一的大爱。如果我们看不见这个异象,那么我们来看看镜子里的自己吧。我们看到的,是灰白的头发。

　　丧失对"正常行为规范"的异象,会导致我们建立错误的人生标准。否认灵魂的存在,会引发对个人心智的崇拜,以及对体力的神话。当产生这些问题的时候,人格就会退化,并最终自掘坟墓。

当然,问题在于,人在将自己与平均水平的其他人相比时,常常会自义自满。这是多么糟糕的事情啊。平均水平的普通人,他们不知道、也看不见神的灵已经离开了。当今太多的人正像当年以弗所那些人一样,他们说自己"未曾听见有圣灵赐下来"(徒十九 2)。

关于对堕落毫无察觉的情况,我们在玛拉基书中可以看到另外一处先知所给的例证。共有七次之多,玛拉基书记载人们对先知传讲信息的回应,就是问同样一个问题:"我们在哪里如何如何了呢?"我们现在也有同样的人这么说:"我们在哪里如何如何了呢?"先知说,你们竟夺取神的供物。他们回答说,我们没看见我们夺取了神的供物。我们在哪里做了这样的事呢? 先知指责他们诽谤神。他们说,我们在哪里诽谤神了呢? 今天的世界就是这样对传道人说话的:这是在说些什么? 我们在哪里做错了呢? 我们有什么问题了吗? 你为什么教训我们? 为什么? 我们在哪里有错呢? 让我来告诉你们问题出在哪里:因为你们头发灰白,却毫不察觉。灵性萎缩、道德败坏、准则降低,放松对美善、圣洁崇高理想的追求,对这一切,人都视而不见,充耳不闻。他们丧失了对真正理想的异象,给自己建立错误的理想去追求。没有根基的理想产生堕落的人格。然而,人对这整个毁灭的过程却浑然不知。

现在我们来看第二条线索,即如此无知所带来的咒诅。败坏的迹象证明衰败和疾病的存在;如果我们真的看到这些,它们其实是有益的信号。回到形而下的领域来看,灰白头发也是有益的信号。这些信号至少提醒我们自己所能使用的能力是有限制的。每一个退化的迹象都是一个信号。对人来讲,有可能他变老的过程里没有任何迹象警告他应该如何调整自己的事务。这只会加速一切结局的快速到来。迹象是有益的提醒,但是如果不去发现它们,不去了解这些警告信号的存在,只是把疾病存留在那里,并任由疾病继续恶化,那么最终的结局就是死亡。

今天与昨天,或者五年前与十年前之间,我们所经历的道德标准是在逐渐降低的。我们是否意识到这种情况了呢? 如果我们自己意识不到，我们的邻舍却会意识到，我们的母亲、我们的妻子或丈夫以及我们的子女也会意识到的！假如我们对已存在的问题视若不见，这本身就是一出悲剧。因为没能发现堕落迹象，所以警告信号会被忽略。但问题还在日益恶化，问题又是出现在哪里呢？以法莲通国的人都不知道自己头发已经灰白，他们处于退化、堕落的过程中。这堕落是渐进性的，最终的结局就是毁灭。

头发灰白本身算不上是悲剧，但如果对此视而不见就是悲剧了。无意识会产生漠视，这本身就是一场灾难。灵性和道德上的失败是悲剧性的，对此一无所知使情况严重千百倍。

现在，我们来问最后的问题，对待这种无知，有什么解救的办法吗？答案与之前的考量有关。医治无知的方法在于对"正常行为规范"的深入思考。这对我们来说成为可能，是因为有了"那一位"。我们给自己多长时间来看清楚耶稣呢？在观察耶稣的过程中，我并不是没意识到其中的价值。就泛泛而言，我已经对他甚为熟悉，我也认同教会里有关他的那些伟大教义。但是，我们用了多长时间对他本人进行考量呢？以基督的人性为参照来严肃思考与自我人性相关的"正常行为规范"与理想，再没有什么比这更能对我个人属灵和道德上的无知和盲点予以快捷、深刻和有力的纠正了。思考耶稣就意味着对"正常行为规范"这个异象的恢复。如果我们愿意诚实地以考量他为业，这考量会对有关灰白头发的点滴以及我们里面的挫败感带来迅速而深刻的启示。过去是这样，将来也一直会这样，并直到我们生命旅程的终点为止。明白如何失败，至少是通向漫长恢复之路的开始。知道神的灵已经离开了我，至少是给我一个追寻他离开的原因以及重新找寻他的机会。

当然，深入思考"正常行为规范"，一定要依据那个规范去进行严肃而诚实的自我省察。我们多久省察自己一次呢？我们多久会花时间去看一看自己离开那些理想标准有多远了呢？我们在哪里有缺乏呢？千万不要指望其他任何人来为你做这件事情。没人能够做到。你不能代替我，我也不能代替你。我们不能互相察验最内里的分析。但是，如果我们愿意将自己的生命带到神所赐的那位加利利人面前，按他的启示来检验自己,并且检验的不仅仅是外在的生命状况,而是内心的思维和想法,就是不仅仅是别人能够看见的、明显的、外在的东西,而是内在的、灵魂深处的人生核心问题,那么我们就会拥有一次灵性上严肃而有益的归正过程。

但是,仍有问题存在。通过严肃的自省,我们对"正常行为规范"以及实际情况的看见,会揭示灰白头发的存在,但是却不能将其除去。如果问题存在于那里,即使我看见了"正常行为规范",眼前所见的却并不能除掉我的问题头发。如果问题存在于那里,即使我意识到有失败产生,仅仅这份意识却不足以能够战胜和纠正错误。

那么,我们应该怎么办呢?我们必须转向神,必须回到起初所说的那些半带幽默的事情上去。头发灰白生动地代表了灵性和道德上的缺点、堕落和偏差。头发灰白,唉,拿它怎么办呢?神不会笑话;也不会帮我们将其隐藏,好让别人无法看见;神也不会将症状拿去,却留下疾病;将头发染成别的颜色这种欺骗行为,更不是神会屈尊俯就的。神到底会做什么呢?

我们首先从旧约中寻找答案。请听:

"他赦免你的一切罪孽,医治你的一切疾病。他救赎你的命脱离死亡,以仁爱和慈悲为你的冠冕。他用美物使你所愿的得以知足,以致你如鹰返老还童"(诗一○三 3～5)。这样,灰白头发就消失了。这是诗篇中的一首诗句。

我们来看与何西阿同一时期传道的另一位先知以赛亚所说的:

"但那等候耶和华的,必从新得力。他们必如鹰展翅上腾,他们奔跑却不困倦,行走却不疲乏"(赛四十 31)。

毁坏我们能力、让我们道德败坏的势力,神能够将它们除去,单靠神我们就能够从根本上消除灵性和道德上的灰白头发。

让我们来看看新约,并在这里找到最后的答案。道德和灵性上的灰白头发问题如何解决?疾病的迹象如何除去?道德和灵性的衰老问题得靠什么方法才能得以永远解决?方法在哪里呢?

"你们必须重生"(约三 7)。

　　神所赐的重生会除去疾病,并消灭所有的衰退痕迹。如果我们睡着,求神让我们醒来;如果我们瞎眼,求神打开我们的眼睛,好使我们不至于明明在那里头发灰白却毫无察觉。

7

神被错置(八1~14)

> "以色列忘记造他的主,建造宫殿;犹大多造坚固城。
> 我却要降火焚烧他的城邑,烧灭其中的宫殿。"
>
> (何八 14)

这一章所含的信息是有关审判的,有关以色列民即将面临的惩罚和灾难。而上面一节经文正是本章的最后结语。这一章的写作方法颇具戏剧性。开篇是号角伴随的两句呐喊。原文吸引人之处因翻译的缘故在这里有一点点被削弱了。为了语言上的和谐,为了阅读的顺畅和意思上的明确,有两个词是另外加进来的。原文突兀和振奋的写作特点是有其价值和意义的。我们现有的圣经读本如下:

"你用口吹角吧! 敌人如鹰来攻打耶和华的家,因为这民违背我的约,干犯我的律法"(八 1)。

第一个词是"用"。希伯来原文中没有这个词,这是后加上的。还有,"敌人如鹰来……"这句希伯来原文中也没有"来"字,也是后加上的。我们来看,如果只想寻求按英语标准语言上的美感,一切看来可能很好。但我想提醒大家注意,希伯来原文有一种突兀的风格在里面。两声呼喊骤然相随:第一声,"你吹角吧";第二声,"敌人如鹰攻打耶和华的家"。原文没有"用"字,也没有"来"字。事实上,多用了这两个字并没有从文学角度得到什么改进。希伯来原文的写作方法是要突出两声尖锐的号角声。先知的信息就是要产生振奋的效果,所以就以这样的号角声带出呼喊:"你吹角吧","敌人如鹰攻打耶和华的家"。

其实,我对吹角没有任何实际的经验,但是我的确知道这里的希伯来文的意思是，"你的嘴吹角吧"。这个动作能产生特别悲催的效果吗？我不知道。但这里的用词让人稀奇："你吹角吧，敌人如鹰攻打耶和华的家"。然后先知继续说到："因为这民违背我的约，干犯我的律法。他们必呼叫我说：'我的神啊！我们以色列认识你了！'以色列丢弃良善，仇敌必追逼他"（八1b—3）。——不一而足。

我重复一遍，这一章是审判的一章。如果仔细阅读，我们就会发现先知已经给出他所预言的灾难的发生原因了。那就是伴随号角的吹响，他给出的五个原因。或者换一种说法，他一一列出行将到来的五个审判的因由，并且是按声音渐强的形式来揭露以色列的失败和罪性的。他所做的五项指控是什么呢？首先，背约和干犯律法；第二，立君王和首领时不求问神；第三，崇拜偶像，撒玛利亚的金牛犊成为崇拜中心；第四，愚蠢地与亚述结盟寻求安全保障；第五，建假祭坛取罪。再加上下面所引的经文，这些就是这一章的全部内容。

先知用以下经节对整个局势加以概括。

"以色列忘记造他的主，建造宫殿；犹大多造坚固城。我却要降火焚烧他的城邑，烧灭其中的宫殿"（八14）。

这是很清楚的审判信息，我们从中看到先知所宣告的败坏状况。而前面提到的，都是这一病症的各种表现。

那么，这是什么性质的败坏呢？在下面的经文中我们可以看到所总结的："以色列忘记造他的主"。这样总结之后，先知接下来描述那些忘记造物主的民的所作所为。这项指控中，不仅以色列，犹大也被包括其中。他们所做的事情，有两件被提及："以色列建造宫殿"，"犹大多造坚固城"。当百姓忘记神，其结果就是他们建造宫殿，多造坚固城。最后一节经文是宣布审判："我要降火焚烧他的城邑，烧灭其中的宫殿"。让我们来梳理所提示给我们的线索：根本的败坏、相应的行为以及后果。

根本的败坏："以色列忘记造他的主"。大家都知道忘记是什么意思，但是我们真的知道吗？何西阿是特别地在对以色列说话，但是正像我们看到的，他常常在提到以色列的恶行时，也会带上犹大。所以，整个国家，就是南北两国的国民，他们忘记神是指一般意义的忘记吗？绝对不是！人不是忘记了神，而是无视他的存在；在无视他的时候，他们是记着他的！在智慧方面，人不会忘记神。按忘记这个词最基本和常用的意思，以色列人当然没有忘记神。那么这里"忘记神"的意思是什么呢？为了搞清楚这句经文的意思，弄明白这里所用这个词的真正含义，也为了理解为什么在旧约圣经中这个词被经常用来描述一种险境和可怕的潜在危险，我们需要确定这个词在希伯来文的本来意思。那么，如果我告诉你说希伯来文的意思很简单，就是"放错地方"，你会感觉很吃惊吗？恰恰就是这个意思。以色列将造他们的主放错了地方。你知道把什么东西放错地方的意思。你不是忘记它了，而是将其放错了地方。就是这个意思。

让我们来深入探讨一下这个问题。乍一看，似乎情况没那么严重。但是如果仔细深究，我们会发现其实这正是问题所在。

为了搞清楚这一点，我们先离开何西阿书一会，看看"Shdkakh"这个希伯来词在其他场合的用法。

在希伯来民族形成的过程中，当国家宪法和民族意识开始建立的时候，神赐下伟大领导者摩西。他领导这民经历了宪法形成的伟大时期，与他们一同在旷野流浪四十年。然后，当要离开他们的时候，他送给他们申命记这卷书。就像我们从书名看到的，其价值就是在此——我相信这也是其唯一价值所在——他在这卷书中向神的子民作最后的告别致词。

在这篇致词中，他反复警告他们要远离某种严重的危险情况。什么危险呢？那就是忘记神的危险。每次他提到这一点的时候，使用的都是同样的希伯来词语。在第四章九节，我们来看一下：

"你只要谨慎，殷勤保守你的心灵，免得忘记你亲眼所看见的事，又免得你一生，这事离开你的心，总要传给你的子子孙孙"（申四9）。

这就是"忘记"所指的意思。忘记，就是一个人将自己理性上所相信的事情给忽略了，他未能让这些事情占据他家庭生活的中心位置。以色列人在个人生活中错了神的位置，他们在看待国家的事情上如此，在对待子女的问题上也是如此。

继续往下读，第六章十节：

"耶和华你的神,领你进他向你列祖亚伯拉罕、以撒、雅各起誓应许给你的地,那里有城邑,又大又美,非你所造的;有房屋,装满各样美物,非你所装满的;有凿成的水井,非你所凿成的;还有葡萄园、橄榄园,非你所栽种的,你吃了而且饱足。那时你要谨慎,免得你忘记将你从埃及地为奴之家领出来的耶和华"(申六 10~12)。

换言之,当你进入一片土地,将在那里享受繁荣昌盛的时候,摩西说,当你轻易就处于优越的环境当中,要当心在你们国家和个人生活中那可怕又危险的灾难——就是不要错置了神的位置。

但是不仅这些,在第八章十一节和十七节,我们可以看到:

"你要谨慎,免得忘记耶和华你的神,不守他的诫命、典章、律例,就是我今日所吩咐你的……恐怕你心里说:'这货财是我力量、我能力得来的'"(申八 11,17)。

这里所说的危险,就是将神错置后所产生的自满。

但是,仍有更多经文,我们在第九章一节读到:

"以色列啊,你当听! 你今日要过约旦河"(申九 1)。

第四节:

"耶和华你的神将这国民从你面前撵出以后,你心里不可说:'耶和华将我领进来得这地,是因我的义。'其实,耶和华将他们从你面前赶出去,是因他们的恶"(申九 4)。

第七节:

"你当记念不忘"(申九 7)。

这些经节散落在告别致词当中,但却充分说明摩西对以色列民所怀有的危机意识。他眼中的以色列民,在未来岁月中的以色列民,他知道他们所面对的最大危险就是他们会忘记神。即便他们理性上不忘,他们也会在考量事物时将神排除在外,就是错置神的位置。

从节选的这些片段我们可以看出,人为的忽视或怠慢,就是在家里教育子女时忽视神的作为;还能看到一种自我满足感,这也是源于对神的忽视;再就是自义,这自义滋生出骄傲,使人们自夸说:我们伟大是源于自己的作为! 最后,导致神的地位错置的原因是物质上的富足。人会认为富足是因为神对自己内心的公义和正直的祝福,所以才赐予了这一切。凡此种种原因,神被抛出视线之外,被放到一边。

我们再回到何西阿书。年复一年,世纪更迭,摩西警告他们需要小心抵挡的每一件事情都真实发生了;现在,这位眼含热泪、发声如雷的先知宣告即将来临的审判:你们的病根在此——你们的罪孽和你们的过犯、你们私立的王并你们私立的首领、你们在撒玛利亚拜金牛犊、你们与亚述结盟、增添祭坛,诸如此类。病根在于你们错置了神的位置,就是把神放错了地方,甚至最终你们忘记了神的存在。这样,错置神的位置,使个人处于危险境地,也使一个民族或国家处于危险境地。

人们是怎么走到眼前这地步的呢? 他们何竟错置神的位置了呢? 首先,他们虽然从理性上同意神的存在,然而行为却与观点不相符合。除非活出与头脑中的正确观点相一致的生命,否则理性上的正统道理也会毁掉一个人,与邪教的效果无异。以色列民的情况就是如此。只要理性观点与行为不符,就说明灵性出现了问题。神被理性地接受,但却得不到实际的响应和顺服,那么神只能从人的直觉意识中逐渐消失。他可能被搁置在圣殿当中,无人在意;也可能被留在周日的教堂里,不被记念。如果是这种情况,求神帮助我们,我们已经不再是基督徒了。神被错放了位置,他被丢弃了。以色列人的麻烦就在于此,人类的问题也是出在这里。从这个意义上讲,神被忘记、被错置、被遗失了。而他之于我们的生活,原本应该是一切的动力,让我们过使人感动的生活,时常得以更新的生活。我们在其中可以获得激励、鼓舞、推动和建立。

"以色列忘记造他的主。"

那么,诚如以上所述,后来的结果如何呢? 何西阿讲以色列开始"建造……"。现在,让我们来看看旧版圣经,所建造的是"圣殿"(Temples),修订版却是"宫殿"(Palaces)。哪一种说法正确呢? 二者都对,但也都有错误。我认为这两个词都可以表达希伯来词的原意。先知所使用的这个词,照字面意思来看,指的是"宽敞的建筑物"。先前的译者认为其意思是圣殿;现在的译者认为其意思是宫殿。其意思或是二者之一,或是包括二者。真正的含义在于宽敞性。不论这种宽敞是为了舒适还是为了敬拜,都没有什么区别。以色列民开始热情地建造高大的建筑物了。有人说这些先知过时了! 再想想吧。修造高大建筑物的热情表明人们追求永恒、神的能力;当人们错置了神的位置,他们就会尽力建造高大的建筑物,却心中无神。世人一直在力求重建将自己围困起来的大墙,越高越好、越宽越好。今日这一现象尤其体现在物质层面上,这是因为一切的物质活动都是心智和灵性条件的体现。在今日的纽约、芝加哥、伦敦等各地,高大建筑物比比皆是,完全是一种无意识的表现状态。霍姆兹(Oliver Wendell Holmes,1805~1894,美国医生、诗人和幽默作家。——译者注)曾经写了一首十分精致的小诗:《鹦鹉螺》(The Chambered Nautilus)。其中描述鹦鹉螺就是一点一点地扩大自己的腔室(鹦鹉螺呈螺旋状成长,一个腔室绕着另一个腔室,每一个都比前一个更大,一年增加一个以容纳不断增长的肉体。——译者注)。诗人通过自己的观察写下了这首诗,实际上诗人从中悟到人生的秘密:

"哦,我的心啊,你要建造更雄伟的大厦,
随同变换的季节!
丢掉你那低矮的过去!
让每一个新的神殿比以往更高贵,
用更宽阔的穹顶封闭其与上天的连合,
最终得了自由,
将那过大的躯壳舍弃在生命不安定的海洋中。"

这可是一件意义重大的事情。这是人类在努力攀登,追寻无限:"哦,我的心啊,你要建造更雄伟的大厦"。在这里,我不想过多谈论这首诗。顺便提一句,我想诗人的想法是实现不了的。你无法为自己的心建造更威严的大厦,但激情在此——高大、宽阔、无限、永恒,是人们不懈的追求。

这种物质上的表现实在毫无意义,悲哀至极。有一位杰出的美国人杜利先生,他文笔诙谐幽默,但其深奥的哲学思想却更富魅力。他写了一篇有关机械的文章,其文字引人发笑,但通篇条理清楚,道理深刻。在文章的最后,他写道(请注意,我节选的并非原文,只是大意):我们大都忙前忙后,建造、竖立、竖立起被称之为"摩天大楼"的东西——人人都这么叫,唯独天是不会这么称呼的! 他最后一句话是:"我们最终仍然是被自己的双手埋葬。"

多么辛辣的讽刺啊! 幽默直刺人心。我们在建造摩天大楼;我们打开报纸,阅读关于这些高大建筑物的介绍;我们还参观这些大厦,并爬上最近落成的大楼顶层;然而,我们仍然需要抬头仰望才能看到天空。摩天大楼……不过如此吧!

无论怎样,人类追求高大事物的热情的确通过建筑物表现出来。先知说:"你们忘记了,你们错置了神的位置,而你们却热衷于建造起高大宽敞的建筑物——摩天大楼!"

然后,他对犹大说:"犹大多造坚固城"。假如建造宽敞的建筑物是为了满足空间宽敞的需求,那么建造坚固城又意味着什么呢?

所追求的是安全感,就是要确保人身安全的意思。如果说对高大事物的追求是寻求神的外在表现,那么追求安全感就是害怕危险的表现。安全第一! 您是否在什么地方听到过? 人们到处都这么说。美国在要求什么? 英国在寻求什么? 法国想要什么? 意大利在追求什么? 我们大家都想要什么? ——当然是安全! 大家害怕的是什么呢? 我会告诉你——神的缺失,以及因为缺失神而引发的一切后果。何西阿这位伟大的以色列先知了解这个情况。我们错置了神的位置,以致我们热衷于建造高大宏伟的摩天大楼以及疯狂的战争机器。人类忘却了神,却试图追求宽敞舒适,争取安全感。他们从未造出真正高大的东西,只留下为天空所嘲笑的摩天大楼而已;也从未从可能爆发的毁灭中寻得哪怕是五分钟的安全感。

在开始的时候我就说过,这是一个审判性的信息,的确如此。我们不能将其转变为其他任何的内容。结局如何呢? "我却要降火焚烧他的城邑,烧灭其中的宫殿"(何八 14b)。

抛弃了神,即意味着必然的毁坏。

火，这又是什么意思呢？神是不是一定会降下实质的火？噢，不，不。当何西阿在北国发预言的时候，在南国的犹大，以赛亚也在发预言。让我们再回到以赛亚书，看看有一天他说了些什么：

"锡安中的罪人都惧怕，不敬虔的人被战兢抓住：'我们中间谁能与吞灭的火同住？我们中间谁能与永火同住呢？'"（赛三十三 14）

"吞灭的火"，"永火"？是什么啊？地狱吗？噢，不，不是的。请继续，来听听他提问"谁能与那永火同住"，他如此回答自己的问题：

"行事公义，说话正直，憎恶欺压的财利，摆手不受贿赂，塞耳不听流血的话，闭眼不看邪恶事的，他必居高处；他的保障是磐石的坚垒，他的粮必不缺乏，他的水必不断绝。你的眼必见王的荣美，必见辽阔之地。"（赛三十三 15～17）

谁能与火同住？那些心思纯正、没有忘却神并与神保持正确关系的人。如果世人真的忘却神，那时神的面就不再显现。毁灭的火即是无所不在的神的火。我们不能摆脱神，只是错置了他的位置。他就在我们旁边，伸手可及。或许我们可以忘记他，一切行为都不考虑他，但我们的生活、行为，甚至我们的本像，都是一直在他的里面。我们的呼吸也在他的手中。

神将根据我们与他的关系，来决定赐福还是毁灭。如果我们错置神的位置，我们或许会埋头于建造我们的摩天大楼，我们或许会更多建造坚兵利甲；但是，我们却不能逃脱那慢慢燃烧的火，那在各处清洗一切衰残事物的火。我们不能逃脱神的掌控。对于那些试图通过建造宫殿和坚兵利甲以满足人类生命自我热情的世人，神会毁灭他们。

8 扭曲的异象(九 1～17)

"作先知的是愚昧,受灵感的是狂妄。
皆因他们多多作孽,大怀怨恨。"

(何九 7)

本章通篇描述的是一系列灾难,是以色列因灵性污染而遭遇的灾难。关于这些灾难有明显不同的五种说明;我更想说的是,当这个民族错置了神的位置后,落下的灾难如泰山压顶,有五个要素:第一,失去喜乐;第二,失去故土,流亡他乡;第三,失去灵性识别力;第四,出生率降低;第五,被厌弃。

我所选择的这段经文与这五个要素的中心要素有关,即与灵性识别力丧失有关。需要特别提出的是,在介绍我们思考过程时,有必要确认一件事情,那就是学者们对这节经文的理解存在着不同看法。我的意思是,先知的意思很简单,然而针对他所说的这句话:"作先知的是愚昧,受灵感的是狂妄",存在着理解上的不同意见。他指的是假先知吗? 蒲塞(Pusey,英国神学家。——译者注)和史密斯(George Adam Smith)持有这个观点。或者,先知是在描述人们普遍对诸先知的错误看法吗? 这是切恩(Cheyne)和布林格(Bullinger)的观点。

我认为切恩和布林格的观点是正确的。先知何西阿在这里并不是在谈论假先知:"作先知的是愚昧,受灵感的是狂妄"。"先知"一词的确曾经被用来指代假先知,而且常常如此。但是,"受灵感的"这个词组从未被使用在假先知身上。何西阿是在说明他所处的时代,以及他传讲信息所针对的对象当中对先知和受灵感之人的错误看法。

当时的人们曾这么说："作先知的是愚昧，受灵感的是狂妄"。所以，他紧接着给出了产生这一观点的原因："皆因他们多多作孽，大怀怨恨"。

这样，这节经文让我们不得不面对一个错误的观点，以及产生这个观点的原因。这句有关先知和受灵感之人的错误评价，"作先知的是愚昧"，这话就是这么说的；"受灵感的是狂妄"，这话就是明明白白这么说的。何西阿说，是的，但那是你们的观点；你们之所以这么说，其原因在于你们"多多作孽，大怀怨恨"。

好了，现在让我们离开所有那些地方色彩，来发现其中闪烁的伟大原则吧。首先是对先知和受灵感之人的评价，其次是产生如此评价的原因，最后是持有这一观点之人的错谬所在。

从何西阿时代到如今，千百年已经过去了。今天的情形与那时的状况在方方面面都完全不同。但是，人性却一直保持不变。人类生命中最根本的东西却没有改变。我们的装束变化很大。如果你不承认这一点，你只需拿出家庭相册，看一看你祖母的照片！而你其实是和你祖母同样类型的女人。时光流逝，但是人性的基本特质一直保持不变。一千年前做母亲的如何伤心，现在的也是同样。过去的年轻人和现在的完全一样，现在的年轻人和过去的也是如此。我不认为现在的年轻人比我青少年时期那时候更堕落。现在的表现形式似乎更激烈，但是从前只是更隐晦而已。人们现在说着同样的事情，只是比从前似乎更坚持、更自信。我可不可以这样说呢？对先知和受灵感之人如此的评价，这种情况又有回头："作先知的是愚昧，受灵感的是狂妄"。

我们来思想一下这个错误评价："作先知的是愚昧"。翻译所用的"愚昧"（eviyl）这个词在旧约圣经中较少使用。实际上只出现过二十五次。有另外一个词被翻译成"愚顽"。例如，"愚顽人心里说，没有神"（诗十四1）。不是一样的词，所指的意思也不相同。"愚顽人心里说，没有神"，在这句陈述中，"愚顽"（nabal）一词有道德含义。所指的人存在道德败坏的问题。这不是本节经文所指的意思。我提到说这个词出现过二十五次，其实都是指智慧书，如诗歌体和先知性的体裁。约伯记出现过两次,一百五十篇的诗篇中只有一次,与何西阿同时代的以赛亚书使用两次,何西阿书只使用一次,在箴言书中是十八次。

那么,这个词到底是什么意思呢?就是"愚蠢"的意思。或者带着轻蔑的口吻,我们可以说"傻瓜"。先知就是傻瓜、蠢货、笨蛋。这个词与是否道德毫无关系,所强调的是愚蠢的概念。先知被人看成是个傻瓜,不值一提,毫无价值可言。

"受灵感的",我们将其解释为"圣灵充满的人"。但是用更直白的话可以解读为"属灵之人"。他是灵魂附体之人。他怎么了?他"疯"了。所以,这里直接的意思就是,他"胡言乱语"了。属灵之人、非理性之人、说话癫狂的人,他狂躁、他呓语,常规和惯例不能约束他,因为他被固执的怪念头给抓住了。

这些人就是以这样的看法来评价何西阿、以赛亚、弥迦,以及所有其他向他们传讲神信息的人。因为他们特立独行,打破人们自以为是的标准、体面和秩序,并以烈火般的忿怒斥责众人,所以这些人被他们自己所传的信息所累,他们被那些信息像火一样烧灭。

我们在此停顿一下,好记住这种观点有多么顽固。我已经提到过以赛亚,在那卷先知书的第二十八章里,记录了他从亚哈斯驾崩开始很长一段时间独自事工之后,是如何针对当时的政治局面开始宣讲的。当权者愚蠢行事,试图通过求助埃及以保证国家安全。以赛亚大声向他们呼吁:"祸哉!以法莲的酒徒,住在肥美谷的山上,他们心里高傲,以所夸的为冠冕,犹如将残之花"(赛二十八1)。我们在整个信息的正中间听到这些人的回应。他们嘲笑他,戏弄他,取笑他。在这一章第九节我们看到这些掌权者用他们的讥消打断先知的信息。他们说的是什么呢?"他要将知识指教谁呢?要使谁明白传言呢?是那刚断奶离怀的吗?他竟命上加命、令上加令、律上加律、例上加例,这里一点、那里一点"(赛二十八9)。他们在取笑他,这取笑是什么意思呢?他真是个傻瓜!太疯狂了!愚蠢至极!他以为谁会听他的吗?痴心妄想!

在犹大稍后的历史中,当假先知示玛雅抨击耶利米时,他也是说了类似的话,说他"狂妄"(耶二十九26)。

如果我们离开旧约时代进入到新约,在约翰福音第十章,我们会发现耶稣的敌人是如何评价他的——他疯了,他被鬼附了。继续往后读,当保罗对亚基帕王说话的时候,菲斯都突然插进来大声说:"保罗,你癫狂了吧!你的学问太大,反叫你癫狂了"(徒二十六24b)。

或者,我们顺着历史的轨迹走:教皇说马丁·路德实在应该住在疯人院里;卫斯理兄弟也被指控疯狂。我们来看他们的反驳:

> "就让我们成为傻瓜和狂人吧,
> 不管怎样,我们的确信是在你里面。"

卜威廉(William Booth,1829～1912,英国卫理公会传道人。——译者注)传讲的信息被教条主义扼制,当他对此进行反击的时候,有人说:"他头脑不清了"。我也听到过有关比利·桑德(Billy Sunday,1862～1935,美国著名运动家,布道家。——译者注)的非常相像的评价。所以说,这种观念一直在持续:"作先知的是愚昧,受灵感的是狂妄"。

请思想一下我所提到的这些人,想想以赛亚的信息,尤其要记住其中蕴含的伟大辩证逻辑,其诗韵之美,以及对生命本质的把握。但却有人说他是傻瓜,说他胡言乱语。

再听听耶利米哀歌中那伤心但却抑扬顿挫的旋律。他有可能是所有先知中最具英雄色彩的一位。他超过四十载传道不息,但是没有任何线索能说明他的话被当权宗教领袖接纳为有价值。但是,他不屈不挠地继续将神的话语以雷霆万钧之势传给以色列的百姓。想想他的教训多么奇妙难测,其中蕴含的哲理多么赫然无敌。然而人们却说:"他是个彻头彻尾的傻瓜,他愚蠢至极,他是癫狂了。"

现在让我们安静下来,心怀敬畏。他们曾说我们的主"癫狂了"(可三21)。但是思想一下他的教训,还需多说吗?

人们也说保罗是"癫狂了"。我了解在某些神学领域有人不承认他。但是,他人格的奇妙见证,他书信中令人称奇的教训,还有他作为基督及其教会的诠释者所走过的得胜岁月，如果我们想到这些，就无法不认可他。马丁·路德又如何呢？还有卜威廉和比利·桑德。从他们的结局来验证他们。但是，对于所有这些人，这世界的评价就是他们疯了。

当我对所有这一类人，包括其他在这里没有被提到名字的人进行查考，我想用卫斯理的话来帮我表达我的意思，请让我再重复一遍他的话：

"就让我们成为傻瓜并癫狂吧，
不管怎样，我们的确信是在你里面。"

总而言之，这就是世界对待先知的态度。他们传讲的信息被看作是愚蠢的。神的话以及先知讲话所带出的热忱，都被当作胡言乱语。所有这些，都意味着人们属灵判断力的丧失。何西阿时代的人就是处于这种状态。他们寻求亚述的帮助，他们到埃及求援，他们求问巫术，陷入污秽不能自拔。我们用前面已经探讨过的命题来总结，他们错置了神的位置，忘记了神；他们四处求援，然而当神的使者来向他们说话时，他们说："作先知的是愚昧"；当先知的热情被惹恼，转为烈怒时，他们说："受灵感的是狂妄"。

现在，我们来思考一下，有关这种错误观点的起因，先知是如何说的。"皆因他们多多作孽"。旧的版本"罪孽增多"，提示了数量上累加的含义。这与那种错误观点有什么关系吗？与何西阿同时代的先知以赛亚说："但你们的罪孽使你们与神隔绝"（赛五十九 2）。对先知事工的错误想法，以及对受灵感之人所怀热情的错误理解，是源于对神的茫然无知。这种无知是因道德沦丧而产生的。人们把神的使者当作傻瓜，把受灵感之人看作癫狂，是罪导致了这一切。

相应地，先知所述第二个原因随之而来。何西阿说他们"大怀怨恨"。在对先知和受灵感之人的批评背后，是人们的怨恨。首先是怨恨神，随后就是与之相关的怨恨神的使者。

让我们来思考一下这些人吧！他们怎么了？请关注一下事情的

来龙去脉。首先,他们悖逆了神。然后呢? 他们忘记了神,断绝了与神之间曾经保持的事关生死的重要关系。他们错置了神的位置,思考问题时不再将神纳入考量当中。其结果如何呢? 他们错误地理解神。再之后呢? 他们怨恨神。

基督使徒保罗论述了属魂的人,我们的圣经版本翻译成"属血气的人"(林前二 14)。希腊语单词是 psychic,我想我们要是这么读出来肯定会大有收益:一个只有魂的人,其魂与灵完全分离;只有魂的人想要掌握宇宙万物的运行规律,却不知神的灵是遍满宇宙的。保罗说道,"体贴肉体的,就是与神为仇"(罗八 7)。为什么这样说呢? 只可能存在一种原因:他不认识神,对神的理解存在错误;他的错误理解可能因着他自身的错误理念。那位德国老歌唱家所唱的赞美诗曾被约翰·卫斯理译成英文,以对句的形式言明伟大的真理:

> "神啊,你如深不可测的海洋,
>   有谁会不将心向你呢?"

为什么世人会不将心向神呢? 为什么世人不思想神的事呢? 为什么他们怨恨神呢? 因为他们不认识神。对神的误解是人从魂中对神充满敌意的一切根源。如果我能够将神启示给你,那么听我的人,无论成年男女或是少男少女,没有一个不会被神所吸引。但是,我们自己所想象或理解的神高不可及、严厉无比、一味惩罚,常被世人恨恶。可那不是神,那只是世人由于自负而对他产生猜测。这种错误的想法源自罪以及因着罪而产生的眼瞎。"你们的罪孽使你们与神隔绝"(赛五十九 2)。

如果人悖逆神,那么他们总会在意识上远离他;由于对神怀有错误认识,所以即便是人对他的存在还保持着信心,但他们仍会悖逆他。这就是为什么他们说"作先知的是愚昧,受灵感的是狂妄"。

我们从列王纪上的一段故事中来寻找例证,是在第二十二章。亚哈是北国以色列的王,约沙法是南国犹大的王。亚哈是邪恶的化身,约沙法是位没有主见的好心人。他们两位正在组成联盟以共同对敌。约沙法正是来与亚哈会面。约沙法潜意识里怀有宗教情节，亚哈可能也是，这使他们觉得有必要获得来自宗教方面的支持。亚哈精心安排了这场绝妙的聚会。他将自己的先知都招聚在一起，其中一位名叫西底家，是基拿拿的儿子。他为大家安排了一场精彩的表演。他用所造的铁角演示说他们必将得胜。但是约沙法却并不心安。他说："这里不是还有耶和华的先知，我们可以求问他吗？"（代下十八 6）的确有一位，叫米该雅。我们来听听亚哈是怎么评论他的："以色列王对约沙法说：'还有一个人，是音拉的儿子米该雅，我们可以托他求问耶和华。只是我恨他'"（代下十八 7a）。

的确如此，从那些持有反公德行为观点的人们身上可以发现产生这种错误认识的原因。错误的认识，如此产生，导致怨恨——"多多作孽，大怀怨恨"。

既然如此，在结论的这部分里，我们来探究其中显出的错谬。他们说"作先知的是愚昧（fool）"。让我们再回去翻看一下这个词使用得最为频繁的那卷书，出现达十八次之多。其中，我们发现"fool"存在两种定义：首先，"愚妄人藐视智慧和训诲"（箴一 7）；第二，"愚妄人犯罪，以为戏耍"（箴十四 9）。由此我们看出人的错谬所在。先知终身与罪争战，这态度正是智慧的基本原则。因此，将先知看做是愚昧的那些人，他们才是真愚昧。

"受灵感的是狂妄"，什么叫做狂妄？从实际经验的角度看，是指错误的观点，即谎言。疯狂是指错误的人生观，并产生狂野的举动及胡言乱语，是很可怜、可悲的一种状态。"受灵感的是狂妄"，他们如此说。他癫狂了。他的人生观是错误的。因为他不明事理，所以他发出的预言是胡言乱语并言过其实。非斯都说，"保罗，你癫狂了吧！……你癫狂了"（徒二十六 24b）。保罗是如何作答的呢？"非斯都大人，我不是癫狂，我说的乃是真实明白话"（徒二十六 25）。其实是非斯都癫狂了，是他的人生观错了！他对保罗的呵斥是他疯狂的反映。

从人生经验的角度看，对这些事情我们该怎么说呢？首先，我们承认信仰的合理性。世人最可能存在的不理性态度就是不信。试图用自身经历解释自身经历的人是失去理智的人。我小心使用这种表达方式——信仰的合理性。对我而言，我是极难相信这个我所看到的世界——我的意思不是指常常被世人损坏的那个世界，而是这个世界本身——它的高山与深谷、它的海洋与陆地、它的壮丽与美妙，心中无神的世界与圣经里描述有神的世界；我不相信我笃信的神，创造世间美好并造人的神会对世人毫不介意，毫无兴趣，这里我对过程毫不关心。假如我承认神通过某种方式对于人的生命有所关顾的话，我就不能够相信他对于人类生命的最高追求毫不关心，这最高追求就是道德和持守道德的能力。信仰完全是理性的。就事论事的尝试是一个恶性循环。只有心存信仰的人，在看待神无形的存在时一直心存忍耐，才能正视矛盾和悖论并且面对这一切。认真对待神无形的存在，这样的人才充满理性。他们是有理性的人，是头脑清醒的人，是没有癫狂的人。

从人生意义的角度看，在思考这段信息的时候，我再一次领略到崇高激情之于人生的必然性。人们有时候会禁不住怀疑教会里的人是否真正实在地相信自己所宣称的。前面我提到过卜威廉，救世军的伟大创始人。您是否了解他为什么能成为一名烈焰先知吗？——他听了一个嘲笑基督信仰的异教徒讲座。那个讲员说道："假如我真的相信你们这些基督教人士假装相信的东西，我会昼夜不歇地去向男男女女传讲耶稣。"当卜威廉听到这里的时候，突感心惊肉跳。他说："这人说的是对的"。最后的结果是，他无论白天黑夜都不让自己再停歇了。

今天的基督教会大部分已经变成

"不完美的完美，冷冰冰的秩序井然，

金玉其外，败絮其中。"

（Tennyson，*Maud. Part I. ii.*）

我们中间很少人会出现癫狂的现象。请看看那些新兴的教会吧，它们像火焰般燃烧。圣灵降临的时候，耶路撒冷城的犹大人说

"这些人是醉了"（徒二 15）。是否有人因为我们的基督信仰而暗示我们是醉了呢？如果我们确定的信条是正确的话，我们就应该满怀火热。麻烦的是我们并非如此。他们仍然说我们傻，但他们并不常说我们癫狂——皆因我们已经迷失。好吧！我们迷失了什么？诚如神是我的见证，我不想去争论画布上的火焰——它永远不会燃烧起来。我并不是在假定一种模拟的热情，那不是真正激情，而是镀锌盒子里尸体的抽动。那不是我想要的效果。但在某种条件下，如果我们对罪恶不再有烈焰，如果我们丧失了烈火般的忿怒，那是因为我们迷失了对神的异象，我们迷失了对伟大福音的感觉。

愿神恢复我们理性信仰中的激情。但凡必要，但凡可能，只要能使我们的耶稣基督、我们的救主喜悦，愿那份热情能激动我们去做超常的事情。

9 　　　　　　　　腐烂的葡萄树(十 1～15)

> "以色列是茂盛的葡萄树,结果繁多。
>
> 　果子越多,就越增添祭坛;
>
> 　地土越肥美,就越造美丽的柱像。
>
> 　他们心怀二意。"
>
> 　（何十 1～2a）

何西阿书第十章同样给出完整、独立的一段信息。在先知的整个预言过程中,这一章是个总结,讲述人的污秽以及所受的惩罚。从何西阿书第十一章开始的各章里,我们将看到另一个音调。

从根本上说,这篇信息是对前述内容的概括,以及因此产生的要求和呼召。开篇就是我们这里所摘录的经文,陈明全民的败坏,以及起因的整个过程。第一节描述败坏的情形,而其起因则在第二节的第一句得以简明阐述。关于民的败坏是这样描述的:"以色列是茂盛的葡萄树,结果繁多"(十 1a)。败坏的情形就是这样。其后果是:"果子越多,就越增添祭坛;地土越肥美,就越造美丽的柱像"(十 1b)。接着,先知用简明扼要的短句概括败坏的起因:"他们心怀二意"(十 2a)。

我们的思考将顺着这几句话的脉络来进行。首先所述的是神古老选民的败坏,以及其原则在我们所处时代和背景下的应用;其次是从败坏原因中所得到的启示,令人触目惊心,难以忘怀:"他们心怀二意"。

此处使用的比喻说法引人入胜:"以色列是茂盛的葡萄树"。英王钦定本(KJV)译为"不结果的葡萄树",显然是不准确的。或许可以译为"果实越来越少的葡萄树"。其中心意思并不是葡萄树不结果,而是结果的葡萄树,还很茂盛。英美两种修订版则极为精准地抓住了这个意思,把这句话译为"以色列是茂盛的葡萄树"。

对我们而言,葡萄树的比喻是十分熟悉的。但是我们对这个比喻的理解主要是来自于新约圣经——就在走向十字架之前,主耶稣向他的门徒所作的最后的讲论,就是从这样一句话开始的,"我是葡萄树,真葡萄树",或者为文字处理之缘故,像和合本翻译为"我是真葡萄树"(约十五1)。我则更倾向于保留前一种译法——希腊词语的用法,修饰语后置——语气尖锐、一针见血,正是主耶稣用意所在,"我是葡萄树,真葡萄树"。不管怎么说,正是通过主耶稣的这篇讲论,我们才理解了这个比喻。

但是,有一点很重要。对于那些听到过耶稣这篇讲论的人来讲,我们的主耶稣并没有使用什么新的比喻方法。这是一个旧比喻,耳熟能详。让我们快速地查看一下这个比喻在旧约圣经里是如何出现的吧! 在古代以色列人的历史上,这比喻出现在诗篇第八十篇,是伶长亚萨的伟大诗篇。很显然,亚萨正在为国民遭受的大灾难而哀哭。他是这么唱的:

> "领约瑟如领羊群之以色列的牧者啊,
> 求你留心听!"
> (诗八十1)

在第八节,他继续唱到:

> "你从埃及挪出一棵葡萄树,
> 赶出外邦人,把这树栽上。
> 你在这树根前预备了地方,
> 它就深深扎根,爬满了地。
> 它的影子遮满了山,
> 枝子好像佳美的香柏树。

> 它发出枝子,长到大海;
> 发出蔓子,延到大河。"
>
> （诗八十 8～11）

随后,他唱道:

> "从天上垂看,眷顾这葡萄树。"
>
> （诗八十 14b）

　　这是该比喻手法在文字上的出处,也可能是以色列民历史上的出处。毫无疑问,亚萨作乐是用于圣殿敬拜赞美,所作的歌词或许也是相同的用途。他将以色列民比作葡萄树,从埃及挪出并栽上。从那时起,葡萄树似乎就变成了犹太民族的象征。在主耶稣的时代,圣殿的大门、外城门都装饰有金色的葡萄树。这是国民生活的象征,也是很重要的事实,诚如耶稣所讲:"我是葡萄树,真葡萄树"。

　　当我们来到先知时代,就是何西阿作为先知之一的时代,这个比喻多次出现。

　　以赛亚是与何西阿同时代的先知,在以赛亚书第五章的"葡萄园之歌"中他的比喻是这样的:

> "我要为我所亲爱的唱歌,
> 是我所爱者的歌,论他葡萄园的事。
> 我所亲爱的有葡萄园在肥美的山冈上……
> 指望结好葡萄,反倒结了野葡萄。"
>
> （赛五 1～2）

　　耶利米是稍后一些的先知。他也使用了相同的比喻手法——他将犹大民族描绘成了"葡萄树的坏枝子"（耶二 21b）。

　　以西结曾有四、五次使用葡萄树作为象征,并且还是以极为显著的方式。

因此,从远古历史上的列王时代起,越过先知年代,都是引用比喻手法象征国民生命。何西阿当时如此说:"以色列是茂盛的葡萄树",他在引用大家都熟悉的比喻。假如那就是所要传达的信息,假如他如此起头,我敢保证那些听他传讲预言的人都会十分喜悦。或许在开始的时候,他们察觉不到他在挑选比喻手法时所表现出的讽刺含义。

让我们再回顾一下以赛亚的歌。如果说这比喻在诗篇第八十篇只是简单出现,那么在以赛亚书里则得到了特别的解释,如同先知书经常出现的情况一样。开篇的句子指的是葡萄树及其栽种的人,然后加以解释。阅读这首"葡萄园之歌"的最后一句,即第七节经文,让我尤其感到满足:

> "万军之耶和华的葡萄园,就是以色列家;
> 　他所喜爱的树,就是犹大人。"

以赛亚是犹大国的先知,在这里紧接着要对他们说的是:"他指望的是公平,谁知倒有暴虐"(赛五7b)。这个比喻讲到他"指望结好葡萄,反倒结了野葡萄"(赛五2c)。这个比喻是什么意思呢? 我们无需猜测,以赛亚已经解释了,"他指望的是公平,谁知倒有暴虐;指望的是公义,谁知倒有冤声"(赛五7b)。这是对葡萄园比喻的解释。葡萄园是神栽种的。用来做什么呢? 当然是用来结果子。结什么果子呢? 葡萄,也就是公平和公义。然而,却结出了野葡萄。那又是什么? 不是公平,反倒是暴虐;不是公义,反倒是冤声。唉! 尽管读起来刺耳,但的确刺人肺腑啊! 这就是当时国民形象的图画。神创造这理想民族是为了给世界结出公平和公义的果子。当他寻求果子的时候,是在寻求公平;但是却寻到相反的东西——暴虐;当他寻求可以生出和平与喜乐的公义时,却听到冤声。这罪孽和苦楚所带来的冤声正是因着国民的败坏而起。

现在,让我们再回来看何西阿的话语:"以色列是茂盛的葡萄树,结"什么呢? 是"果子"。注意,在英文圣经里,果子前面有一个"his

（他的，而非祂的）"，因为其中的"h"没有大写。我们或许会认为这里是指神的果子，但实际上不是，而是指结自己果子的犹大国民。解释的重点和需要理解的核心正在于此。他说，以色列是茂盛的葡萄树，结果繁多，却不是神所寻找的果子。这个民族在结果子，结的却只是自己的果子。假如你能耐心地思想并跟我一起来字斟句酌地察看，有人或许会有所怀疑，那么请观察紧随其后的句子吧：

> "果子越多，就越增添祭坛；
> 地土越肥美，就越造美丽的柱像。"

果子，祭坛，繁荣的地土，柱像——所有这一切都表明先知强调的事实，不是成功的事实，却是败坏的事实。以色列是茂盛的葡萄树，葡萄树就在这里。这树在结果子。但请看看那果子，那果子的性质如何完全体现在到处增添的祭坛和竖立的柱像上。"以色列是茂盛的葡萄树，结果繁多"。南国犹大的先知以赛亚就是这么讲的啊。神"指望结好果子，反倒结了野葡萄"——神寻求公平，反倒看到暴虐，即野葡萄；神寻求公义，反倒听到被欺压人的冤声以及处境悲惨之人的哭号。

稍作小结，这里所宣告的是对败坏民族的控诉，这败坏的民族只求自己的好处而不成就神的旨意。

接下来的话语强调宗教信仰败坏的结果。果子越多，国民越以自我为中心，祭坛也越增添，那些祭坛也就成为国民自我中心的象征，而不是献祭的象征，也不是以献祭为中心。肥美的地土是物质上的，他们竖起柱像，美丽的柱像，"美丽"指的是艺术上的美感。请再次标明其含义的讽刺性。地土越肥美，他们就越为自己造美丽的偶像；祭坛不再是献祭的中心，也不是献祭的象征，却是自我的中心。神被迷失了、错置了，取代他的是美丽的柱像、方尖碑、石堆。这就是宗教信仰上的败坏，它只是符合人生低端标准的宗教。整个国家忘却了自己的真正价值，忘却了他们是神栽种的葡萄树，要为地上万民结果子；为了能够继续这样过下去，整个国家的国民生活都以自我为中心,在宗教上败坏;祭坛增添,在祭拜神的地方竖起了偶像。

那日已经过去,环境也已不同。画布上的底色已渐渐消逝。我们居住在不同的年代,处于不同的背景条件之下。但是,根本价值依然存在,让我们来查看一下这方面的详情!

先知意在教导什么? 或者我更可以问,先知教导的信息,其永久价值何在? 为这个世界本身的益处,神赐予他的子民可以利用并实现各项功能的资源,但这些资源却有可能被滥用,就是出于私欲而被滥用。

请永远不要忘记,在其下还藏有另一项原则:神赐的资源永远是为了让人支配的;而且,人不仅仅接受这些资源,还要成为一种将资源传递给其他人的管道。这样,所有的人都能接触到那资源。圣经里的神是宣教的神。神所选立的,无论是人还是国,都是为了通过这些选立的人或国让全世界都能得着他良善的旨意。然而,因为这些人对于预选教义的理解产生错误,他们消亡了。他们慢慢想起来自己是神的选民——是的,请容我这样说——他们是神所宠爱的,至高神所溺爱的,神曾珍爱的民,而其他世人,他却让他们随意漂流。但这却是导致他们毁灭的谎言;这谎言使他们在世上被掳掠,丧失道德和属灵价值,直到现在也是如此。如果我们忘记所得的每一项益处其实都应该是我们需要偿付的债务,而不是用于自己消费,却应该传递给他人,这会构成极大的危险,足以威胁神的教会。茂盛的葡萄树——这丰富的资源正是神所供应的,但所结的果子却不是神寻求的果子。

下面我们来做一个全面的人生测试,可以针对个体,可以针对教会,也可以针对国家。在面对国家事务时,我们自高为万民中神的选民;想到教会,我们称其为神所选立;想到我们自己,每个个体都是神恩的承载者。但是我们千万不要忘记神做出这样的拣选、确立并赐特殊恩惠的动机是什么。如果神造我们成为一个国度,那是因为他要通过我们给万民以启示,告诉他们神管理计划的广阔、荣美和良善;同时,也是为了让这一计划在万民中得以实施。如果是神造的国,是他所中意的果子,那些果子都是什么呢? 是公平和公义。如果他发现有逼迫存在,如果他听到有冤声传来,那么这国或许是一棵茂盛的葡萄树,但其所结的却是自己的果子。因而,这是极其严重的错误和败坏。

这个道理应用到教会上也是如此。我们到底在追求什么?我们的目的到底为何?我们的热心放在哪里?我们想要的是什么?我们最希望努力得到的是什么?我们的短期目标、长期计划和希望达到的最终目的是什么?如果有人说"我们在寻找群羊",那么,随之而来的问题是,为了什么呢?我们为什么希望自己的教会会众增加,为什么希望大家蜂拥而至?

这里其实还涉及另一个问题:我们是如何吸引大众的呢?今日的人们很看重效率。这很好啊!但我们还是要问,这效率的目的何在呢?

我们再来问一个问题:我们所有活动的最终结果是什么?机构、社团、委员会、宗教协会、会议,以及团体的倍增结果又是什么呢?哪些结果没有实现呢?我们最终得到了什么?我不是想自问自答,而是在提问。是公平吗?我们的生命以及我们所做的结出公平的果实了吗?或者,我们是否仍在对逼迫这样的行为予以宽容和赦免?我们一切服侍的结果是公义的吗?或者,神是否听到了"冤声"?

我说过,这个词也可以译为"尖叫",是个值得重视的词汇。让我给您举两个用法上的例证。第一次是出现在创世记第十八章,说神听到了所多玛和蛾摩拉城的叫声。出埃及记里也用了同一个词,百姓在埃及受苦所发出的哀声,神已经听到了。如此看来,这个词可以既用来描述所犯的罪,也可以描写所受的痛苦。但是,无论在哪里听,当一个人听到罪人的尖叫或痛苦之人的哀哭,我们知道那状态正与神的心意相反,与他的旨意相悖。

教会今日行为所结的果子是神所寻求的吗?这个问题至关重要。任何有关教会生命的测试都是关于其关注点,关于其目的,并最终是关于其结果。如果仅是热心追求人数众多、组织效率,那么与教会生活紧密衍生的各类事情,如寄生性生长,以及精力消耗等,这些对教会在世界当中的价值毫无意义可言。今日教会里如菌类繁殖一样所产生的各色繁杂机构，都将受到咒诅。接下来，我们开始找果子。然而首要的问题是，那果子是什么？是出于神的心意呢？还是出自我们的自私愿望呢？神所造的那个民族可能像茂盛的葡萄树，枝繁叶茂，但却未能按照神的旨意去完成使命。

现在我们来看一下按先知所说都发生了什么事情。这个话题同样让人惊叹不已。所发生的事情并非由祭坛和方尖碑而起，反而祭坛和方尖碑是源于这些事情。"以色列是茂盛的葡萄树，结果繁多。果子越多，就越增添祭坛。"国民信仰生活出现问题，导致祭坛的倍增。这是因为他们必须修正自己的信仰以适应内心的败坏。祭坛华丽且有艺术性，但上面的祭品毫无用处。如我所言，他们竖立方尖碑和华丽的祭坛，却不尊崇神；他们夸大石头的作用，尊崇"惰性"而非"激情"；惰性和激情，这两者含义绝然不同。我们看到方尖碑遍满全地，精雕细刻，极其美丽；还有华丽的柱像，庄严耸立，极其尊荣。我可以说"辉煌"吗？可以！但如果可以的话，这里还需要加上另外一个词——"无用加无能"，石头代替饼，惰性代替激情，人为艺术代替神性之美。这二者之间存在什么区别呢？我们在哪里能够看到全然的神性之美呢？是在繁星闪烁的天空吗？不。是大自然奇观当中的无限微小或是极其巨大吗？不。那么，我们在哪里能看到他完美的表现呢？是从十字架上受到伤害并四肢被钉的那位身上才能看到。那才叫美丽。然而，对希腊人来讲，十字架上被钉的是丑陋的，因为他们所热衷的是所谓的文化与高雅，并一切具有人为美感的东西。他们认为，肢体被钉的人是对美学的冒犯。然而，我们却清楚知道，天国一切的美丽都是通过十字架才得以闪烁发光的。通过献祭和服侍，那些生命扭曲、受过伤害或严重变形的男男女女，他们的人生仍是美丽的，但在厌弃缺陷的"艺术"眼中却看不到这种美丽。在雅歌中，书拉密女谈到一个观点："他们使我看守葡萄园；我自己的葡萄园却没有看守"(雅一6b)。

她不是在抱怨，而是在为做工时皮肤变了颜色而深感自豪。在那首优美的田园诗中，她与耶路撒冷的众女子交谈，她的实际意思是这样：的确如此，我在野外做工，皮肤变了颜色。这就是她说"我虽然黑,却是秀美"(雅一5b)的意思所在。在为他人服务的时候脸被玷污,这被玷污的颜面也是美丽的。用精美的艺术品、漂亮的方尖碑,以及所有具有美学意义的东西来代替十字架和神,用人造的艺术取代神性之美,所得到的必然结果就是一群堕落、败坏的百姓。

现在我们用一两句话来进行总结和概括:神创造、栽种的民,意在让他们按整个人类的利益去行使神所赐的职能,就是由神栽种的葡萄树要结公平和公义的果子。葡萄树还在,枝繁叶茂,统计结果看起来令人满意。然而,所结的果子可能没有一个是神所热切盼望的。若果如此,则必然是信仰出现问题,祭坛没有祭物,或是自私自利替代对神的追求。按照人的思维方式去敬拜人为艺术品,将十字架的信仰降格,成为一种粗俗的背景摆设。信仰产生了败坏,情形就是这样。

接着,何西阿用一个短句揭示败坏的原因,尖锐且一针见血:"他们心怀二意"。这里所使用的"心"字,旧约里经常被用到,是指人里面内在的东西。从生理上来讲,指的是身体深处的一个器官,是一切行为和生命的中枢。从比喻意义来说,有时候用来指感觉,有时候用来指才智,还有时候用来指意志或意愿。这字经常用来指性格的总称。毫无疑问,在这里指的是性格的最中心部分——欲望。这里,人内心的欲望产生出"心怀二意"的情况!

"二意"这个词耐人寻味,甚至开始的时候让人吃惊。这里不是指翻译过来的词,而是希伯来语 Chalaq,意思是平坦光滑。那么,该词从哪种意义或是如何能够意指"二意"呢?人们取"二意"的意思,是因为该词是指人们用以在其上掣签的平坦光滑的石头。在英国我们有时候也这么说,某人将自己继承的遗产都用骰子掷出去了。掷骰子一词借用于赌博业。他们使用平坦光滑的石头让所掣的签分开来。分开引申为三心二意,即分开、平坦光滑、掣签。

在性格的中心地带,即欲望里,人们在掣签、与神打赌。他们让神与其他事情对抗,又让另外的事情与神较量,就是在他们品格的中心地带将骰子掷来掷去。他们的心如同赌场。

那么,让我们按常识来看看"二意"这个词的用法吧。诗篇里一位古时的歌者曾做了一篇祷告文。那是多么特别的祷告文啊。他是如此祷告的:"求你使我专心敬畏你的名"(诗八十六 11b)。传讲神信息的耶利米曾向百姓说:"我要使他们彼此同心同道,好叫他们永远敬畏我,使他们和他们后世的子孙得福乐"(耶三十二 39)。看来,招致祸患的是人的"心怀二意"。当我们陷于欲望的境地时,我们就让神和其他一些东西进入内心,彼此争夺主权——这就是一切败坏的真实情况。开始的时候,我们既要神又要其他东西,而现在我们是既要其他东西又要神——如果是如此行事,神是不会露面的。结果呢,我们除灭了神,错置了神;而当神被错置时,葡萄树却是还在,只是葡萄树所结的果子变了。结的不是葡萄,却是野葡萄,既苦又酸还有毒,而且具有破坏性;结的不是公正,反倒是逼迫;结的不是公义,反倒是冤声———一切皆因心怀二意。

让我们将散布于圣经各处的一些词组进行归类来结束这次默想。再一次,歌者大卫如此说:"有一件事,我曾求耶和华,我仍要寻求;就是一生一世住在耶和华的殿中"(诗二十七 4)。"一件事"。耶稣对富足的官说:"你还缺少一件"(路十八 22)。马大为许多的事思虑烦扰,耶稣对她说:"不可少的只有一件"(路十 42)。再继续往下读,保罗这位了不起的人物说:"我只有一件事,就是忘记背后,努力面前的,向着标竿直跑"(腓三 13b～14a)。一件事,一件事,一件事!有人说,"我可不愿意当一个死心眼的人。"为什么不呢? 这取决于你的心意。假如你这心意足够大,你就不再有空间容纳另一个心意。如果你这心意是住在耶和华的殿中,如果你的心意是对他的绝对忠诚并跟从基督救主,如果你的心意是完全彻底地处于他的管控之下以成就他的旨意,如果你的心意是为了实现他的长期目标、成就他的旨意、作他祝福的工具,那么,你一定不会希望有两种心意。我们面临的麻烦是:多样化的追求让我们将神与其他事项混杂在一起。这就是"心怀二意"。我们需要发自内心地祷告:"神啊! 求你使我专心事奉你。"

"以法莲哪，我怎能舍弃你？

以色列啊，我怎能弃绝你？

我怎能使你如押玛？

怎能使你如洗扁？

我回心转意，我的怜爱大大发动。"

（何十一 8）

在此处开始了何西阿预言的最后篇章。前面至少四章的内容里，重点强调了一个主题音调，那就是神的爱。在北国以色列灵性衰微倒退的黑暗日子，何西阿发出预言。那预言是通过自家的悲剧与神交通。而那悲剧却是一种受伤之爱的悲剧，最终他得出神具有怜爱之心这样一个理解。这样的怜爱到处都有展现，但在最后的篇章尤显突出。

到目前为止，我们一直在考虑先知严厉谴责过程中的各种不同观点，也听到先知在不停地召唤这些子民回转到神面前。在前面四章里，主导音调即是神的爱。如同我之所言，预言信息自始至终都不缺少有关神的爱的讲述，但在重要关头得出的结论，在强调预言信息如何重要、如何奇妙的时候，却一定都是置于这种爱之上的。

这几章的文学手法也极其吸引人，始终运用一种绝妙的交替描述手法。先知代表神讲话——即作为神的代言人——耶和华通过他讲话。然后，他也为自己讲话。当然，他自己插入的话却是有规矩的，只是存在明显的轮流次序。我们听到耶和华的声音，然后是先知自己的声音。

　　请随我们一起通篇观察这几章。何西阿作为耶和华的代言人说了四篇信息,其中有三次先知插入了自己的评论。先知所添的都处于较低音阶,而他代言耶和华的信息却都是大调,宣扬爱的得胜。耶和华与先知之间没有什么不一致之处,但却显现了何西阿的心境。他仍然在传讲耶和华的信息,但显然惊诧于任何类似的信息都能传讲,因为在他三次的插入语中都坦诚表达子民所犯的罪孽。神在讲述他的慈爱,而先知惊叹于此就插入自己的评论,并对子民所犯的罪进行了描述。

　　在此指明轮流发言的次序。耶和华的信息始于第十一章,一直到第十二章一节结束。然后,先知突然插入自己的话,从第十二章二节直到六节结束。从第十二章七节到十一节,耶和华再次说话。然后,从第十二节一直到第十三章一节,是何西阿说的话。在第十三章二节处再次是耶和华的话,一直持续到第十四节结束。然后,从第十三章十五节一直到第十四章三节,又是先知插入的话。从第十四章四节开始一直到这卷书的最后,一切都以耶和华的声音结束。

　　轮流次序。耶和华讲话,然后先知讲话;耶和华继续,先知继续;耶和华讲话,先知讲话;最后是耶和华的发言结束全篇。贯穿始终,耶和华的讲话充满慈爱,而先知的信息则充满了认为那民不配的感觉。我们既能意识到神的慈爱这一主题音乐,又能意识到何西阿关于罪的感知的小音阶挽歌。

　　始于第十一章,终于第十二章一节的信息充满慈爱。讲到这些叛逆、背道的子民的时候,耶和华讲述了他对他们的慈爱;追溯历史,神的爱自始至终与他们相伴。在这卷书里就有这样的呼喊:

　　　　　"以法莲哪,我怎能舍弃你?

　　　　　以色列啊,我怎能弃绝你?

　　　　我怎能使你如押玛? 怎能使你如洗扁?

　　　　　我回心转意,我的怜爱大大发动。"

　　　　　　　　　　(十一 8)

从这几句话里我们看到并提出四个问题。然而，在希伯来文里却存在一些区别。这里是：

> "以法莲哪，我怎能舍弃你？
> 以色列啊，我怎能弃绝你？"

在希伯来文里没有第二个"怎能"。还有，

> "我怎能使你如押玛？
> 怎能使你如洗扁？"

希伯来文里没有对偶句里的第二个"怎能"，是译者为了悦耳而添加的；同样，我不太确定这种改动是否有帮助。希伯来文是如此表达的：

> "以法莲哪，我怎能舍弃你？
> 以色列啊，我能弃绝你吗？"

这是第一个对偶句。

> "我怎能使你如押玛？
> 能使你如洗扁吗？"

这是第二个对偶句。

押玛与洗扁是平原上的两座城市，与所多玛和蛾摩拉一起被毁灭的。先知没有提到后两座更为有名的城市，其理由不是现在探讨的时候。

"我怎能使你如押玛"，如同那个被毁灭的罪恶的平原城市。"我能使你如洗扁吗"，如同那个因为邪恶而被扫除的城市。然后就是那美好的答案：

> "我回心转意,
> 我的怜爱大大发动。"

这些是从技术层面对信息的分析。

让我们思考一下。首先是这些问题所蕴含的让人惊奇的性质;其次是关于这些问题的解释;再次就是所宣示的答案。

假如我们记得讲话者以及那些听他话的人,这些问题让人惊奇的性质立刻就会一清二楚。读遍全篇,所听到的耶和华的信息都在强调他自己。在我的圣经上,我将每一个"我"都标上了红圈。请允许我为您读一下这些不断重复"我"的短句。

首先是肯定句:

"我爱他,……我原教导以法莲行走,……我照料他们,……我医治他们,……我用慈绳爱索牵引他们,…… 我 …… 放松 …… 夹板,……我把粮食放在他们面前……"

其次是疑问句:

"我怎能舍弃你?"

最后是宣告:

"我必不……,也不再……,我是神……,圣者……,我必不……,我必使他们住……"

听起来很机械呆板,但却让我们看到神赐予的异象。请务必注意那些修辞格的奇妙合并,就是神在讲论民的时候使用的比喻修辞。首先,我们可以看出"父"的身份:

"以色列年幼的时候我爱他,就从埃及召出我的儿子来"(十一 1)。

"我原教导以法莲行走"(十一 3a)。

"(我)用膀臂抱着他们"(十一 3b)。

实际上,这就是前面说的"我照料他们"。

"我医治他们"(十一 3c)。

"父"和"母"的身份皆现,慈爱、教导行走、照料、医治。

然后,我们可以发现另一个比喻修辞,不再是"父",却是"丈夫"。

"我用慈绳爱索牵引他们"（十一4a）。

我们只能根据何西阿预言的第一部分内容来理解。何西阿了解这其中的意思是什么。他得到指令去爱一个伤透了他心的淫妇，并再次带她回家。耶和华的话显然是以"丈夫"为比喻：

"我用慈绳牵引他们"，"我用爱索牵引他们"。

然后，可能是最让人诧异的比喻出现了。

"我待他们如人放松牛的两腮夹板，把粮食放在他们面前"（十一4b）。

耶和华说这些话将自己描述成了一个牧人。试想这样的画面：牛夜晚归家，一天的劳作已经使它们疲惫不堪；我卸下它们的轭，松开它们的两腮夹板，并喂它们！如此一来，耶和华将各个修辞身份都显现出来：父、丈夫，以及牧人。

现在，让我们再看看所描述的子民。四句短小的句子就形象地做了背景介绍："他们……走开"（十一2a）；"他们却不知道是我医治他们"（十一3b）；"他们不肯归向我"（十一5b）；"我的民偏要背道离开我"（十一7a）。

如此，人物和行为的对比则栩栩如生。可以看出，耶和华是永久的爱，而子民则总是玷辱他的爱。那该怎么办？只有一件事情可以做，即根据人类行为的一切法则，也就是以公义、公平和正义原则为基础的法则行事——舍弃他们，弃绝他们。假如有些人心里反对这句话，那我倒要问问这反对缘于何处？如果说感觉不必弃绝他们，那么这感觉的灵感缘于何处呢？我宣告，当我看到慈爱的神教导他们行走、悉心照料他们、医治他们时，我看到的是父、丈夫和牧人的形象；再看那些子民，却是当然、肯定并确定是叛逆背道；我提到对他们只有一件事情可做：舍弃他们。然而，还是存在那么一种反对观点。我重复自己的问题——为什么会存在反对意见？要是对神无所了解，我们就永远都不会有反对意见。基督信仰的一些副产品是人类生活中最为了不起的事情。在这个土地上，神的光芒照耀其上的人，离开这里到任何其他地方去，我们会看到精致的效果，远比我们的统计数据所显示的更为深远；遍观过去或现在的任何文明，讲述这个故事，除了神的启示临到我们并改变了我们对生活的整个看法，我们可以说，对那样的子民无需做任何事情，只好舍弃。

那么，我们在此与一些让人吃惊的事情面对面。耶和华说，"我怎能舍弃你？"他们却已经离开了"我"。他们不认识"我"，而且是在无论"我"为他们做什么的基础之上都不认识"我"。"我"向他们派遣先知，但他们拒绝归向"我"。他们偏要背道离开"我"。实情如此，丝毫不错，但是，"我怎能舍弃你？"

有某种东西阻止耶和华施行审判，不管那是什么，肯定是能得胜的东西，因为我们听到他重复了三次这样的话，"我必不……也不再……我必不……"从年幼的时候"我"爱他们、教导他们行走、用臂膀抱着他们、医治他们、牵引他们、把粮食放在他们面前；然而，他们却不肯归向"我"，他们继续不肯归向"我"，他们偏要背道；但是，"我怎能舍弃他？我必不……也不再……我必不……"

那么，到底是什么阻止了"他"呢？答案在下文：

> "我回心转意，我的怜爱大大发动。"
>
> （十一8b）

会不会是以色列身上有什么东西值得让神如此说，"我怎能舍弃你？"我看以色列不是，我觉得，肯定不是的。不是因为以色列，而是因为神。然而，神看到了我所看不到的以色列所存在的可能性，这种可能性看起来已经消逝殆尽，甚至被彻底涂抹。然而，神看出来了。神永远都能做到。神总是能够看到人类生命的可能性。这也是十字架的意义所在。无论我们如何考虑人类本性，神却觉得救回人性是值得的。神看到了那种可能性。神看出以色列将会如何，那个他所爱的少年，他从埃及召出并尽可能照料、喂养的少年。我在观察他们的时候是没有看出那种可能性的，你能看出来吗？神是我的见证，我在观察时是没有看出来的。这的确是一件让人惊奇的事情。因为神的特性使然，他能看透我，看透我回转的可能性；尽管我偏要背道，尽管我一意孤行不顺服，尽管事实上我玷辱了他的爱，他仍然说：

> "我不能舍弃你。我必不，也不再，我必不！"

从这些词语里可以看出其中的秘密，"我回心转意"（十一 8b）。这个词很有表现力。照字面是指改变主意、重新考虑的意思；但在使用上却是描述一种变化、变动。请听听吧！神说，我的心乱了；我的内心深处被感动了，我的心啊！再一次，"我的怜爱大大发动"（十一 8b），其中"怜爱"一词并非意指懊悔，也非同情。我认为，在我们自己的语言中恐怕只有一个词可以精准地承载其含义——就是慰藉，并非仅仅是权势下的慰藉，而是有具体行为的慰藉。这远超同情和懊悔，是行为意义上的懊悔与同情——"我的怜爱大大发动"，"kindled"（发动）一词的确奇怪。假如我们回头看第八章五节，我们可以看到，"撒玛利亚啊，耶和华已经丢弃你的牛犊，我的怒气向拜牛犊的人发作（kindled）"。

现在神却说，"我的怜爱大大发动"，尽管原文是一个词（kindled），但和合本译文却分别是"发动"和"发作"。"我的怜爱大大发动"，意思是说受到深深的影响；"我的怒气发作"，意思则是说导致的后果。用于修饰他怜爱的"kindled"一词从字面上看意味着"contracted"（收缩）——"我的怜爱收缩"。然而，这并不是"narrowed"（变得窄小）的意思，而是说"我的怜爱一阵阵发作"。有人讲这是拟人化，以拟人化讲述神。在此，我并不想否认这一点；的确如此，也不可能有别的说法。你作为"世人"，除了如神所言告诉你该如何去想他，又如何能够抓住神呢？拟人的化身是神的最终自我诠释，从人性角度看是神向世人所作的宣言，世人可以抓住神性的真理。那么，在此采用了拟人手法，耶和华宣称他的心乱了——"我的怜爱大大发动"。这就是为什么他不能舍弃他们的原因。这里，我们处于他的爱的面前，爱并非仅仅是情感特质的易于消散且短暂的伤感外溢；爱却成为一种痛楚；爱成为一个悲情剧。如此看来，飞柏（Frederick Williams Faber，1814～1863，英国牧师、神学家、赞美诗作者。——译者注）是对的：

　　"世间万样忧愁、痛苦,谁比真神更关心?"
　　(歌词,1862 年作,"真神慈爱宽如海洋"。——译者注)

　　约翰·华生(John Watson,1850～1907,苏格兰人。——译者注),更广为人知的名字叫"麦拉仁",是《在邦尼的石南灌木旁》的作者,他曾经说过:"神是宇宙中的首席受害者"。他是对的,这是受苦受难的神。神受苦受难却缘于他的爱;是让他痛苦不堪的爱,并非因为他所爱的子民委屈他,却是因为他们委屈他们自己、让自己枯萎,并自我毁灭。神说,可是,对于我来讲,我怎能舍弃你们呢?

　　然而,请不要忘记"怎"字暗示了难处。我怎能舍弃你们呢? 单从"公正"角度讲,叛逆背道应该得到惩罚,这是正确的事情。但是,我怎能做到呢? 这种怜爱通向最终的决定——"我必不"。

　　现在请安静一两分钟。神怎能说"我必不"呢? 让我们听听:

　　"我必不发猛烈的怒气,也不再毁灭以法莲,因为我是神,并非世人,是你们中间的圣者"(十一 9)。

　　这里,一切只是理智上的分解;这里,有些事情极为怪诞。我一直在谈论神的爱。神谈及他心乱了,他的怜爱竟至极深处,他说我必不舍弃你。原因是什么呢? 是因为他的心和他的怜爱吗? 是的,但请继续看。"我是神,并非世人",而且我是"你们中间的圣者"。不存在降低道德需求标准的问题。圣者有怜爱并保持圣洁,是因为他是神,并非世人。这一切对他来讲是可能的,而对世人却是不能的。

　　这些是我们目前能够从何西阿书得到的启示。这个进程是漫长的,却给我们机会提问;通篇充满奇事,我们不能理解。在眼前的这一页,甚至整本旧约,仿佛神的荣耀即将破茧而出,但却从未得到清楚的显现。可以看到公义与怜爱的奇妙事和奥秘事一起作工。我们看见的奇妙事,就是存在着能够写出如此事件的先知。这肯定是来自圣灵的感动,否则必定是史上能够欺骗人心的最美丽幻影。尽管看到世人犯罪,但神还是说"我怎能舍弃你? 我的心乱了,我的怜爱发动,但我是圣者;我怎能舍弃你?",然后仍说"我必不舍弃你,我必不,我必不"的时候,我们某种意义上可能就在完全的神面前。即使那时,对于颤抖和不安的心来讲,那必定是意义重大的话。

只是我们的圣经并没有止于何西阿书。何西阿这个名字是拯救的意思。我不清楚是谁给他起的名字——多半是父亲或母亲或两人共同起的;但是,他们称呼那个男孩何西阿,这名字里有呜咽、有叹息、有歌声。在时候满足之际,那一位出现了,这名字含义就是耶和华与何西阿合在一起所表达的意思:耶稣(即"神拯救"。——译者注)。因此,在时候满足之际,闪烁的荣耀迸发并完全显现;而且最终在耶稣里面发现神怎样成为公平、公正,成为犯罪灵魂的辩护者。

何西阿没有看出这种成就方式。通过与神交通,他学习到如下事实:看起来互相矛盾的神性,他传讲了自己的信息并说出了预言;但是最终他来了,他是父神荣耀的光明之子,也是他位格形像的明确表达,在他里面我看见公义与和平如何相遇,神是公平、公正的,是最终的辩护者。

通过神,与我心相悖的行公义的要求得到满足。通过神,圣洁的荣耀得到维护。因为他对人类灵魂的救赎并非出于同意罪、忽略罪的同情,而是足以取消罪的一种力量,也是能够从其管控下得释放的一种权能。通过神,被爱之人得到恢复、重整、更新,一切的光芒都在这先知预言的篇章里闪耀发光,惊动我的灵魂,最终进入耶稣里面获得集中和统一。神对着你、对着我说,"我怎能舍弃你?我必不……我必不……我必不"。

只是,怎么做呢?"我是神,并非世人,是……圣者"。通过基督,他为那些有罪的灵魂建造了一条通道,通过这条通道,有罪的灵魂得以与他的形像、他的性情、他的意愿相合。福音在何西阿书里闪烁,在基督里容光四射。

我们可以先抛开过去的历史,聚焦当下。神之于我们是这样的——他提供赎买、救赎和更新。这意味着什么呢?从下面的话里可以看出完整的答案:

"神爱世人,甚至将他的独生子赐给他们,叫一切信他的,不至灭亡,反得永生"(约三 16)。

11　以色列变成迦南(十二 2～十三 1)

> *"以法莲是商人。"*
>
> （何十二 7）

同样地,这里的话语也是出自耶和华。十一章到十二章一节结束,与我们前面的默想紧密相关,都是耶和华的话语。那么现在所读的就是二节到六节,是先知的话;其中有一段插入语,与总体启示的内容毫无和谐之处,指的是以往的历史事件。先知回到雅各的出生,不仅提到他的出生,还提到他在毗努伊勒的经历,他在那里改名为以色列,因为那夜他与神摔跤得胜,但不是因为勇力,而是因为他的软弱。他发自内心的哭泣、眼泪和呼求使他得胜。那之后他的名字不再叫雅各,他不再是抓人脚跟的人;他是以色列,成为属神的人。

到第七节的时候,说话者又变成了耶和华。先知又恢复成为耶和华话语的出口,首先所说的是这些话:

"以法莲是商人,手里有诡诈的天平,爱行欺骗"(十二 7)。

先知的话被耶和华的话打断,就是在先知解释过去事情的时候,尤其是当他讲解雅各改名为以色列的那夜。先知在思考雅各所度过的那一夜,就是他成为以色列的时候。正是当先知讲说这件事的时候,耶和华开口了:"以法莲是商人"。

我们所拥有的翻译版本各有不同。英王钦定本是这样:"以法莲是商人",所配的边注是,"或迦南";英文修订本是"以法莲是商贩",其注释是,"或,迦南人,希伯来文,迦南";美国标准本:"以法莲是个商贩",其注释是:"或迦南人,希伯来文,迦南"。由此看来,无论是英国还是美国的修订版,都认为旧版和新版的区别仅仅是对同样事物的不同态度而已。早些的翻译"商人",传递出更尊贵的意思,而后来所使用的词汇虽然也有同样的意思,但却含有另外的低俗含义,"商贩",这是更现代的表达方式。

我们继续研究这些翻译版本。其中都有"以法莲是"。我承认,因为语言习语的关系,翻译在有些时候不得不将原文中没有的词加进翻译文本当中,这里就是这种情况。在希伯来原文中本没有"以法莲是"。事实上,原来只有一个词,"迦南"。每一个边注都做相同的提示。这个词所传递的意思既突兀又充满蔑视。

因为我们常常将迦南比作天堂,所以如果这样解释这里的经文,多少会让人吃惊。我们的赞美诗里歌颂迦南美地,以及诸如此类愚不可及的事情。我们一直以为旷野代表这个世界,而迦南代表天堂,所以我们这样唱道:

> "只要我能够爬上摩西所立之地,
> 只要我能够一览那地景致,
> 不论是约旦河的洪水,
> 还是死亡的冰冷溪流,
> 都不会令我惶恐离岸。"

这样理解迦南地完全不符合圣经。我们在地上所应有的生活方式并不是旷野的生活。迦南地不是什么天堂。如果迦南是天堂,那么我们进入天堂第一件要做的事情就是赶出希未人、耶布斯人和比利洗人!那里绝非天堂。然而,因为将迦南地错误理解为属天的地土,远在天边的地土,我们就有可能错失耶和华在此使用这个词的暗含之意。故此,我们还是仔细查考为妙。

先知怀着惊奇的心情听到神对以色列人的爱之歌:"以色列年幼的时候我爱他,就从埃及召出我的儿子来"(十一1),并从雅各出生时被叫做"抓脚跟的"开始,回顾他不再被称为"抓脚跟的",而改名字为"以色列"的时刻,因着以色列的新名字,他得享荣耀。正在这时,神突然打断先知的沉思,说道:"迦南"。

在这里，我们可以插入一个动词，但是如果把这里的名词翻译成"商人"或者"商贩"，就有所损失了。我们还是让"迦南"一词留在这里吧。这个词在旧约经文中一直只有一个意思，即与"以色列"一词所含意义完全相反。这两个词构成令人瞩目的明显对照。

那么，让我们首先从这些民族的历史，以及从中获得的原则性启示来查考这一问题。

将迦南一词处理成商人的同义词情有可原，但这样做却是大错特错。我承认"迦南"这个单词确有这个含义，并且常被如此使用。但是希伯来语里这个词本来并没有这个意思。如我已经提到的，这个意思是后加上的，这就像因为在迦勒底地区占星术很发达，所以"迦勒底"一词就使人联想到"占星术"的意思一样。并非所有迦勒底人都是占星师，而"迦勒底"一词从严格意义上讲，并不能被当做"占星师"来用。凯尔博士（Dr. Kyle）明确指出迦南含有商人的意思，就像迦勒底含有占星师的意思一样。迦勒底从没真正被当作占星师使用过，迦南也不能被用来代替商人一词。在希伯来文中，这个词字面意思就是"丢脸""蒙羞"。

在圣经经文中，"迦南"一词在创世记第九、十章有关含的故事中出现，并且从此圣经历史中出现这个词时所指的意思都与首次出现的意思相吻合。"迦南"字面的意思就是"屈从""蒙羞"，暗含因堕落和污染而蒙羞的意思。所以，圣经中"迦南"一词总是堕落、败坏的同义词，通常指由于与神隔绝变得污秽而产生的堕落和败坏。

现在我们看以色列这个民族，要在神的宏观管理中研究她与迦南的关系。神将以色列民族安置在迦南地，其意义何在？很多人声称自己不相信神是以色列攻打迦南各族这场战争的始作俑者，那么有一个问题会将他们带进困惑，无法自圆其说。对我个人来说，我可以立即回应说，如果我不相信神会发动战争阻止迦南地发生的事情，我就完全不能信仰这位神！神对迦南各族之所以怀有那样的态度，原因在利未记中阐述得非常清楚：

"在这一切的事上，你们都不可玷污自己，因为我在你们面前所逐出的列邦，在这一切的事上玷污了自己。连地也玷污了，所以我追讨那地的罪孽,那地也吐出它的居民。故此,你们要守我的律例、典章。这一切可憎恶的事,无论是本地人,是寄居在你们中间的外人,都不可行。(在你们以先居住那地的人,行了这一切可憎恶的事,地就玷污了)"(利十八24～27)。

倘若有人想要了解更多有关迦南各族情况,可以从事考古学,就会得到惊世骇俗的启示。以色列民被兴起,被领到那地,就是为了洁净那遭瘟疫之地,因为那瘟疫正在向全世界蔓延。耶和华是战争之神,他反对任何对人类产生影响和破坏的人和事。当人类不听从他那温柔的爱的恳求时,他会用外科医生一样的手段将癌细胞清除。这种爱,与站在某个遭受痛苦疾病的人身边为他吟诗来安抚他不同。神不是使用这种方法来解决问题的神。神差遣以色列人进入迦南地,将癌细胞清除,将那地从败坏、堕落的民众手中解救出来。他们的恶行清楚展现在我们今天考古发现的石板上,证实了圣经的描述。

神将他们安置在那地,同时也是为了开垦那一小块土地。那是世界的焦点,是健康生活的中心。神要他们排干污染的河流,好让纯净和恩典的溪水祝福整个世界。

从战略意义上看,巴勒斯坦在地理位置上是全球的中心。请看看围绕这一地区的全球各大洲。曾几何时,地中海是一切事物的中心,之后中心点转移到大西洋。现在中心又离开大西洋,移到太平洋。如今世界的最大问题都出在那里。我相信这种移动继续横扫途经的陆地,最终在某一天再次回到这块土地。

不管怎样,当时的迦南地已经处在彻头彻尾的败坏当中,神的行动方案是清除败坏的国民,将分别为圣的一族安置在那里,他们是洁净、圣洁的。神将他们放在那里,是为铲除瘟疫,为万民营造一个健康生活的中心。

让我们先来听一下经文。论到那里的居民——迦南,神说创造以色列民族就是为了使迦南人变为以色列人。时机已到,迦南已经将以色列人变为迦南人。神的旨意是让属神管理的以色列一族进入败坏和屈从一切污秽事物的迦南,那里已经成为羞辱和腐败的国度,其败坏程度超出她自己的测度,道德状况江河日下。神要让她成为神所统治的地和神所统治的民——以色列。时光飞逝，以色列没有使迦南成为以色列，迦南反而使以色列成为迦南。所以突然叫出这个名字就是最严厉的判决。神说："迦南！"先知在回忆雅各的出生，他在回忆雅博渡口的那夜，他在回忆雅各如何成为以色列，他在内心思考着结局如何，这时，他停住了。于是神说话了："迦南！"

　　这里揭示的原则清楚明白。首先不言自明的一点是，神拣选的目的，在于人类的益处。这一点无论怎么强调都不为过，无论多么经常被阐述也不算多。这是人微妙的内心常常容易忘却的一点；也是被神所拣选的子民，就是他拣选的仆人总是容易忽略不见的一点。而圣经的总体启示就是对这一事实的启示。请让我重复一遍我的陈述。神的拣选总是为了人类的益处。神对某一族的拣选最终是为了囊括所有人类，而不是摒弃其他各族。他拣选，并不是因为他要抛弃其他族类，而是通过所拣选的，让其他各族随后也被收纳进来。如果我们查看圣经历史，可以翻来覆去地看到这样的真理："神爱世人"（约三 16）。神拣选亚伯拉罕时，对他说："我必叫你成为大国。我必赐福给你……你也要叫别人得福……地上的万族都要因你得福"（创十二 2）。神创造以色列民族，是因为以色列会成为照亮其他万族的中心，使全地的人不再行在黑暗当中，使道德健康之泉流向全世界。拣选从来都是为着整个世界的益处的。让我们怀着温柔、敬畏的心来提起这个无与伦比的名字，承认这超出任何与之相比的名字之上的，就是耶稣。他是被拣选的、被膏立的、被特选的，是弥赛亚。怎么理解呢？"神爱世人，甚至将他的独生子赐给他们，叫一切信他的不致灭亡，反得永生"（约三 16）。教会不是终结，而是走向结局的途径。教会不是拥有属灵特权的一族。神创立教会是为了神可以施爱在其中，因为其余的世界在滑向黑暗和混乱，而神任凭他们。教会是神为了得到世界所使用的工具。

　　认识这一原则，是为了理解神突如其来的怒吼："迦南！"如此辉煌又如此恐怖，神在先知话语当中插入这句话。这是所有可能发生的最严重的审判。

　　第二个原则与第一个互相关联。如果神的拣选总是出于人类的益处,那么所拣选的器皿就必须遵循神的旨意、符合神的要求,不能与邪恶妥协,从而完成神所赋予的使命。如果以色列被迦南所玷污,它就不能按自己的——或者说掌管一切的神的理想对迦南施加影响。被拣选的器皿必须时时刻刻忠实于神的旨意,那是它被造的目的;必须符合神所要求的标准,那是它被召应该活出的样式。

　　至此,我们看到神对世界的管理过程中,总是存在着一个矛盾冲突,即以色列改变迦南,或者迦南改变以色列。教会通过领人归主、宣扬福音、弘扬神的伦理观来影响世界,或者教会扩大在世界的领地,将其置于神的掌管之下;还是世界影响教会,削弱她,将她的见证和权能剥夺殆尽。这个矛盾一直存在。糟糕的事情是,当神对他古老的选民说“迦南”的时候,他可能有时对自己的教会也说同样的事情:“世界!”我恐怕我们不得不承认,有些地方、有些教会,人们很难分清教会和世界的区别。很多情况下,界限已经模糊不清。初期教会将自己与世界分别,站出来抵挡黑暗的外邦世界,使情欲与败坏无立锥之地,这些事情现在大部分都失落了。教会的生命力所在,就是将自己置于无休止的、与黑暗势力的抗争中。今天的教会恰恰缺失了这种抗争,这是十分危险的。我似乎听见神对许多教会在说,我创立了教会是为了祝福这个世界,然而教会却几乎与世界无异。

　　这段有关教会的思考,其应用可以在一段新约经文中清楚找到。在早期基督徒历史中,保罗在去大马士革的路上被耶稣光照,他成为十字架的先驱传道士与使者。他将真理之光带到哥林多,栽种了那里的教会。之后不久他离开了,来了另外一位叫做阿波罗的。阿波罗浇灌了这里的教会。不久,矛盾出现了。于是保罗写信给他们来纠正他们的私欲。之后他又写了第二封信给他们,其中一段是我要在此谈论的,并会以此得出结论。那是在哥林多后书第六章十一到十八节。约翰斯通·罗斯(Johnstone Ross)教授曾对我说,哥林多后书是“保罗破碎的心的写照”。保罗的心之所以破碎,是哥林多教会的情形使然。出了什么事情呢?很简单,教会充斥着哥林多的邪灵,哥林多当地的邪恶风气已经侵入哥林多教会。

　　保罗在哥林多后书中说:

"哥林多人哪,我们向你们口是张开的,心是宽宏的。你们狭窄,原不在乎我们,是在乎自己的心肠狭窄。你们也要照样用宽宏的心报答我。我这话正像对自己的孩子说的。你们和不信的原不相配,不要同负一轭。义和不义有什么相交呢? 光明和黑暗有什么相通呢? 基督和彼列〔彼列就是撒但的别名〕有什么相和呢? 信主的和不信主的有什么相干呢? 神的殿和偶像有什么相同呢? 因为我们是永生神的殿,就如神曾说:'我要在他们中间居住,在他们中间来往。我要作他们的神,他们要作我的子民。'又说:'你们务要从他们中间出来,与他们分别,不要沾不洁净的物,我就收纳你们。我要作你们的父,你们要作我的儿女。'这是全能的主说的。"(林后六 11~18)

这里我们发现一件有趣的事情,即保罗从以赛亚书和何西阿书中引用了经句,而这两位先知与犹大和以色列国同时代。

认真研读这段圣经,我们会发现它以一个否定式的命令开头,以肯定的命令结尾。否定的命令是哪个呢?"信的与不信的不能同负一轭"。结尾的肯定命令是什么呢?"你们务要从他们中间出来,与他们分别,不要沾不洁净的物"。

在这两个命令中间,我们看见保罗有关顺服的论证。请留意这几个有力的排比问句。什么? 什么? 什么? 什么? 一共有四次。每一个问句都含有一个对比。请注意这些对比——义,不义;光明,黑暗;基督,彼列;信主的,不信主的;神的殿,偶像。

保罗在一边列出教会所代表的:义、光明、基督、信主的和神的殿;在另外一边列出与教会对立的事物,也是教会被派到世上需要予以纠正的:不义、黑暗、彼列、不信主的和偶像。保罗在演示这两类事物的强烈不同。在对比的时候,请仔细观察保罗所使用的词汇。每一个用词都是字斟句酌。义和不义有什么"相交";光明和黑暗有什么"相通";基督和彼列有什么"相和";信主的和不信主的有什么"相干";神的殿和偶像有什么"相同"。

与这些两两相对的词语用在一起的都是些什么词呢? 相交,相通,相和,相干,相同。第一个是相交,意思是分享。分享什么呢? 不义里有什么是义想要的呢? 义里又有什么是不义所渴望的呢? 没什么可以分享的。下一个词是相通，其意思是二者有共同点。光明和黑暗之间有什么共同点呢？不存在什么共同点。这二者永远对立。我们来看下一个词。基督和彼列有什么相和呢？相和是一个源自拉丁语的妙语。希腊文直译过来应该是和谐音。基督和彼列之间存在和谐音吗？和谐音就是共同响起的谐音。基督和彼列之间能同时发出什么声音吗？在信主的和不信主的之间，保罗问有什么相干呢？相干这个词的意思是一份土地、领域、遗产。信主的和不信主的怎么能住在一起呢？最后，相和是什么？它的意思是同感。神的殿与偶像之间，能有什么同感存在呢？

保罗对自己问的这些问题并没有提供答案。当问题提出来的时候，所提的问题本身就是答案了。既然如此，我们便可以确认说，没有什么灾难比得上神把以色列人称为"迦南"那一刻更大了！那些被派遣清除癌细胞，建立健康中心的人，他们自己却得了病，已经没有能力对人类进行医治和帮助了。迦南这个词如果这么用，就不是什么褒义词了。

这个糟糕的词是因着爱才说出的。这就是神的爱。而我们却时常将那些病态、肤浅、愚昧的事情总结为不言自明的真理。举个例子，我们会说"爱是盲目的"。爱从来就不是盲目的。请不要搞错了，爱拥有最精准的视力。有一个孩子走错了路，人人都看见了，人人都知道他走错了路。有人就说，人人都看见了，唯独他妈妈没看见。她因爱而蒙上了双眼。我再一次提醒，请不要搞错。这位妈妈在你看见之前早就看见了。被眼泪冲洗过的双眼看东西总是最清晰的。但是，"爱是凡事包容，凡事相信，凡事盼望……爱是永不止息"（林前十三 7）。爱能明察秋毫、洞悉一切。然而，给所爱的带来伤害的任何事情，如果还有借口可讲，那就不是爱。

爱不与伤害人类的事情有任何条件可讲。这是因为神是爱，他清楚地看见失败所在，并不会与之妥协；他对事物的命名，名副其实。当先知传讲神的话语，正在思考雅各成为以色列的那个美好事件的时候，神接着说，是的，的确如此，但是他现在已经变成迦南了。神的审判是合乎真理并秉行公义的。

　　我们主要关心的，应该是属神的以色列民，为神所管理的，我们要永远不让自己成为"迦南人"，变成因罪受辱的一族。我们不可与邪恶讲条件，不可与反对基督的事情妥协，不可穿过彼列的边界与其有染。我们要站稳立场、坚持真理、保持圣洁、刚强壮胆，好使自己成为医治的中心、世界的祝福。

"……偶像,就是按自己的聪明制造。"

　　　　　　　　(何十三 2)

"以法莲必说:'我与偶像还有什么关涉呢?'

我耶和华回答他,也必顾念他。

我如青翠的松树,你的果子从我而得。"

　　　　　　　　(何十四 8)

　　前一节经文是神所说的第三段话。第二段的关键词是"迦南",另有先知插入的话,描述以法莲所犯的罪。这之后,让我们来看耶和华的第三段话。概括地说,这是一篇关于爱的信息,宣讲的内容是,即使困难重重、罪恶累累,但是爱却最终得胜。其结尾是神给自己的伟大挑战:"我必救赎他们脱离阴间,救赎他们脱离死亡"(十三 14a),紧接着是后来保罗引用的伟大经节:"死亡啊,你的灾害在哪里呢?阴间哪,你的毁灭在哪里呢?"(十三 14b)然后这样宣告:"在我眼前绝无后悔之事"(十三 14c)。这句话不是说神不在意人的痛悔,而是说他定意要人在转回的时候让他们得以复兴,不再后悔。

　　这段信息在开头所宣讲的,是有关以色列人罪的本质:"……偶像,就是按自己的聪明制造"(十三 2)。人离开神之后的宗教表现在此一览无余。在之前的一段思考中(四 7),我们谈到有关偶像的主题。现在我们来简短地再次接触这个主题,就其起因、过程以及因此带来的咒诅加以说明。

　　第二节经文是耶和华给以色列民最后信息中的一部分内容。先知在前面的插入语中宣告神给这个犯罪的民族罪有应得的审判,同时他也呼吁他们回转向神。现在,先知在事工的最后,又回到神的这段信息。他让盼望的音符高高响起,因为复兴及其兑现的方法和时间表他已昭告天下。这段信息主要有两部分内容——耶和华的作为,以及最后的结果。

那么,让我们首先来简短地对拜偶像做一思索:其起因、过程及因此遭受的咒诅。偶像崇拜的起因是什么呢? 人类历史上为什么会不断有偶像崇拜的事情出现呢? 偶像崇拜实际上是人类本性中对宗教呼求的一个错误反应,其原因可以在对神的模糊异象中追溯得到。

这是为什么? 为什么偶像崇拜是由此而生? 答案不言自明。人性在创造之初,就存在着对神的内在需求。每个人都有他自己的神。每个人都在将自己的生命奉献在某种事物上。戴克博士(Dr. Henry Van Dyke,1852～1933,美国作家、演说家、传道家。——译者注)在其《激情无敌》(The Ruling Passion)一书中说道,每一位值得书写的人物,在他里面都怀有这种“无敌激情”。他解释道,那激情可能是音乐、美术、生意、家人、家族。这种起支配作用的激情是人生的泉源所在,如果我们继续深入对任何个人的性格进行研究,我们除非找到这种激情,否则只能在神秘王国徘徊。这种起决定作用的激情是解开生命之谜的钥匙。我所引述的并不是原文,而是从原文中总结出的精髓意义。这一原则引人入胜。就我个人而言,我倒是愿意将开头的“值得书写”这几个字删除。任何一个人的生命当中都存在着这种激情。没有这一激情的支撑,人是无法生存的。就像一块表,如果取出主发条,它就无法工作。偶像崇拜的产生,就是源于这一现象。

现在,我们来看偶像崇拜的过程。人们制造了偶像,经文这样说:“就是按自己的聪明制造”。当人看不见神,就会制造一个神,会按自己的聪明制造一个。他们会在自己的理解范围内生成一个对神的想法。举个以色列历史上的例子,就是何西阿做先知的传讲对象北国以色列。他们的偶像崇拜是什么形式的呢? 由于王国的分裂,他们采用了两种崇拜形式。所罗门去世后,王国一分为二。耶罗波安成为北国的国王,罗波安成为南国的国王。为了政治目的,耶罗波安设置了新的崇拜中心。他并没有否认耶和华神,但是根据他自己的理解,制造了代表耶和华的神像。这就是金牛犊的意义所在。这是以色列偶像崇拜迈出的第一步,就是用一个假的神像来代表神,这是根据他们自己的聪明制造的。

当我们来到亚哈当政的时候——亚哈是不敬虔的化身——我们看到所崇拜的已经不是代表神的偶像,而是用其他的诸神代替了神。这是第二阶段:"按自己的聪明制造的偶像"。

偶像崇拜所带来的咒诅在偶像崇拜的过程中一直挥之不去。人们所做出的偶像,就像他们自己一样,其结局就是灾难。这在诗篇第一百十五篇中有讲论。那里,诗人描述这些偶像,并揭示崇拜这些偶像的结局。

> "有口却不能言,
> 有眼却不能看,
> 有耳却不能听,
> 有鼻却不能闻,
> 有手却不能摸,
> 有脚却不能走,
> 有喉咙却不能出声,
> 造他的要和他一样,
> 凡靠他的也要如此。"
>
> (诗一一五 5~8)

这里揭示出一个恶性循环。人照着自己的样子造了偶像,不完美、污秽、低贱。然后他们就越来越像自己所造的这些偶像。这就是偶像崇拜带来的咒诅。

现在让我们转向另外那节经文,就是先知用以结束其预言的充满盼望的信息。这里,我们离开偶像转向神。

在第四节一开始,我们听到神自己亲自说话,内容包括两部分。一部分描述神的作为,另一部分宣告神的作为所带来的结果。第一部分以重复两遍的"我必"表达,第二部分则以重复多次的"他必"揭示。

神的作为是这样：

> "我必医治他们背道的病，
> 甘心爱他们，
> 因为我的怒气向他们转消。
> 我必向以色列如甘露。"

神作为带来的结果是这样：

"他必如百合花开放，如黎巴嫩的树木扎根。他的枝条必延长，他的荣华如橄榄树，他的香气如黎巴嫩的香柏树。曾住在他荫下的必归回，发旺如五谷，开花如葡萄树。他的香气如黎巴嫩的酒。以法莲必说：'我与偶像还有什么关涉呢？'我耶和华回答他，也必顾念他。我如青翠的松树，你的果子从我而得。"（十四 5～8）

下面，我们来查考整段信息，然后再思想以法莲之所以必须做出最后宣言的意义所在。

首先要思考的就是经文中耶和华所说的"我必"。"我必医治他们背道的病"。换句话说，我必治愈他们的背叛。并不是我要医治他们背道而引起的伤痛。伤痛的确会医治，但这是第二位的。我要医治他们背叛这个疾病。

神如何能够做到呢？答案在下面的肯定句中："甘心爱他们"。甘心的意思是我按自己的意志、自己的心愿，完全独立于他们或者他们应受惩罚之外。我爱他们不是为了回应他们的爱，我爱他们不在乎他们的背叛。让我以敬虔的态度这样解释：因为我忍不住一定要爱他们，所以我要爱他们。这就是神。正是因为他属性当中深藏的这份情，他首先说：我必医治他们背道的病，我必治愈他们的背叛这个疾病。

紧接着，就是那让人难以忘怀的一句话："我必向以色列如甘露"（十四 5a）。这是先知在传讲预言时第三次引用甘露的比喻。神在对同样的民说话时讲道："以法莲啊，我可向你怎样行呢？犹大啊，我可向你怎样作呢？因为你们的良善如同早晨的云雾，又如速散的甘露"（六4）。神抱怨他们说他们的良善特别容易消散，如同清晨的甘露那样消失。神同样引用它作为审判的一个象征："因此，他们必如早晨的云雾，又如速散的甘露"（十三3a）。

现在，又提到了这句话："我必向以色列如甘露"。在这里，我们必须根据个性特点来解释这个比喻。前面在使用比喻的时候有限定词："早晨的云雾""速散的甘露"。而这里却没有。这里的比喻必须根据神超越时限、永生的神性来诠释。有神同在，就永远是清晨；或者说，如果不是清晨，有神同在，哪怕是正午也有甘露，夜晚也有甘露——"我如甘露"。

接着，我们来看关于结果的描述。因为神向他如甘露，他"必如百合花开放"。百合花代表美丽与纯洁。国民得到神面前的甘露带来的爱的滋养，也就应该具有百合花一样美丽与纯洁的特性。

然而，随着一个精巧快速、充满诗意的递进，仿佛这个比喻中百合花稍有进展，因为百合花根须极少，很快就会消失，"如黎巴嫩的树木扎根"。不仅仅美丽、不仅仅纯洁，还有稳定的恒心。黎巴嫩是香柏树的同义词。这首小诗行文完美流畅。先知看到了百合花及其美丽与纯洁。以法莲应该如它一样开放。是的，但这不是全部。以法莲还应该如同黎巴嫩的香柏树一样扎根。

比喻再次变化。"他的枝条必延长，他的荣华如橄榄树"（十四6a）。百合花、香柏树、橄榄树——百合花是美丽与纯洁；香柏树向下深深扎根，根系达到地下河流，因而枝条越发延长；而橄榄树则是四季常青。

让我们全面总结一下这所有的象征性比喻吧。美丽、纯洁、力量、忠心；然后，让我们看看国民又是如何：丑陋、肮脏、畸形、软弱、优柔寡断，在热气中枯萎、不结果实。耶和华说："我向以色列如甘露"，因此，必定会有成就最高、最尊贵旨意的时刻。

继续往下看。"他们"——现在可不是"他"了，不是工具，不是以色列，却是"住在他荫下的（他们）"，在这个归回的子民影响之下的他们，他们应该回来，他们应该"发旺如五谷，开花如葡萄树"。然后的情况就是——"他香气如黎巴嫩的酒"(十四 7b)。

　　这一切的成就均需通过基督。作为世上的百姓,当耶稣在圣殿讲如下的话时,那民是被厌弃的:"神的国必从你们夺去,赐给那能结果子的百姓"(太二十一 43)。紧跟着,主就单独与他自己的门徒们在一起,他说道:"我是葡萄树,你们是枝子"(约十五 5a)。美丽、荣耀、力量和多果实,一切的一切都从耶稣基督以及作为葡萄树枝子与他联合的人们而生。

　　这一切顺次带领我们去看第二部分的信息内容,里面记载了以法莲的话,是因神显慈爱的行为之后说的。接着,因为神成了甘露,以法莲"如百合花开放,如黎巴嫩的树木扎根",如同橄榄树。以法莲现在说:"我与偶像还有什么关涉呢?"(十四 8a)——以法莲已经破除了偶像。那会带来什么? 每次偶像破除行为发生的时候,到底是什么促使的呢? 到底是什么让大衮像跌碎于地呢? 到底是什么将拜偶像的行为从人、从一个民族的心中扫除出去的呢? 以至于他们或他说,"我与偶像还有什么关涉呢?"以法莲回答了我们的问题。然后,"我耶和华回答他,也必顾念他"(十四 8b)。这是一个秘密。我已经向神作出回应,我已经理解并屈服。

　　但是,还有更多……"也必顾念他"。这意味着持续的关注。以法莲已经破除了偶像,因为以法莲不知怎么已经看到神的新形像;看到神后,已经向神作了回应,向神屈服。然后,当他(以法莲)讲明自己的态度后,神说我"也必顾念他",这是他人生的转折点。因为以法莲现在到了给出回应的时候,而且现在已经持定永久、持续注目于神的态度,他说,"我与偶像有什么关涉呢?"苏格兰人查莫斯博士(Dr. Chalmers, 1780～1847,牧师、神学家。——译者注)如此说,"新追求的巨大力量"。这是一句什么样的短句啊!"我耶和华回答他,也必顾念他"。"我与偶像有什么关涉呢?"矫正拜偶像的行为是神所赐归正的异象。

　　诚然,还有一些事情要讲,"我如青翠的松树"——以法莲在使用一种比喻手法。这是一种新的说法。他没有用百合花,也没有用黎巴嫩的香柏树,或者橄榄树。或许我们应该说没有人能肯定地知道这里的松树指的是什么树。我个人认为指的是柏树。无论如何，这种树最显著的特性是常青、多果实。

所以，就出现了顶峰性、概括性的一句话："你的果子从我而得"（十四 8d）。我们仍然还记得前一次默想时的话："以色列是茂盛的葡萄树，结果繁多"（十 1a）。那是对以色列的抱怨。葡萄树枝繁叶茂，然而却不结神所希望的果子。或如以赛亚所说："我指望结好葡萄，怎么倒结了野葡萄呢?"（赛五 4b）对这个民族的定罪是，它是茂盛的葡萄树，但却不结神所希望的果子，倒结了自己中意的果子。现在，这个民族最终说道，"你的果子从我而得"。因而，启示给我们一种对比关系，就是那以自我为中心、忘掉了神、深陷拜偶像罪中的百姓与那以神为中心、心中常常有神、尊荣神的百姓之间的对比。

何西阿的预言以一种质疑的音调结束：

> "谁是智慧人，可以明白这些事；
> 谁是通达人，可以知道这一切。
> 因为耶和华的道是正直的，
> 义人必在其中行走；
> 罪人却在其上跌倒。"
>
> （十四 9）

请注意"wise"（智慧）与"prudent"（通达）这两个词。希伯来文原词翻译过来的"wise"，意思是指"智能"。但仅有智能是不足够的。谁是通达人？通达人指的是能够遵照智能行事的人。通达人意思是指按照定罪原则正确地指导行为。

智慧与通达的人均将面临定罪的审判。其中首先因为"耶和华的道是正直的"，这句话归纳出一切真理。正因为如此，义人在其中行走；罪人却在里面跌倒。神的道正直、真实，我们依据自己与那些道的关系在里面行走或跌倒。

让我们总结一下对何西阿书教导的理解。书中宣称罪使人与神隔绝，使我们瞎眼，然后我们就失去了神的面。书中内容显明，拜偶像行为的起因是丧失了神的面。这很清楚地启示了神的慈心与圣洁。神的爱是永恒的，但永远不会与道德要求分离。

我们现在生活的时代比何西阿的年代享受更多的光照。我们了解的神是何西阿所从未了解清楚的。我们在耶稣里面了解神。通过他，我们知道（以前从未了解）他对罪毫无妥协，但我们却知道他白白在那里，为的是能够医治我们灵性的堕落。

如果我们有拜偶像的罪，怎么才能治愈呢？是关于他的异象，因为他在耶稣基督里面。

> “你的灵岂非与神会过？
> 你的心曾否被神所夺？
> 是否认他为人中第一人，
> 欢喜拣选上好的福分？
>
> 你是千万人中之第一人！
> 哦，求你开我眼，
> 并夺我心，摔碎众偶像，并欢然加冠；
> 你为千万人中之第一人！
>
> 世界的一切虚荣、珍宝，
> 尽都是偶像，使人颠倒；
> 镀过金，使人不容易淡泊，
> 浸过蜜，使人真难超脱。
>
> 是什么会使地上偶像，
> 失去它那种美丽模样，
> 并不是强迫懊丧劝勉，
> 乃是“无价之宝”的一现！
>
> 并不是什么本分催促，

　　就会使偶像化成灰土，
　　乃是神荣耀美丽的喷吐，
　　并他慈爱温柔的流露。

　　有谁愿熄灭他的灯光，
　　若非早晨的日已在望？
　　又有谁愿意收藏他寒衣，
　　若非炎夏的风已兴起？

　　惟有彼得所见的泪眼，
　　司提反所仰望的荣脸，
　　陪着马利亚同哭的慈心，
　　会使我脱离属地吸引。

　　哦，求你大爱将我吸引，
　　直到你自己充满这心；
　　我们蒙救赎是你的同伴，
　　与偶像还有什么相干？”

　　（本诗作者奥薇·罗汶，Ore Rowan，1834～1879，是弟兄会中的一位姊妹，人们对她的一生所知不多，只知道她留下一本诗集，里面有许多非常好的诗歌。从她的诗中我们看见，她对圣经是非常熟悉的，像这首诗就是根据何西阿书所写。本诗的中文译者是倪柝声，由于原文格律窄小，能填写的字数不多，所以倪弟兄就改以另一个曲调，再根据原文填词。——译者注）

图书在版编目(CIP)数据

何西阿书/(英)坎伯·摩根(G. Campbell Morgan)著;巩咏梅,
于国宽译. —上海:上海三联书店,2022.7 重印
ISBN 978 - 7 - 5426 - 6974 - 2

Ⅰ.①何…　Ⅱ.①坎…②巩…③于…　Ⅲ.①《圣经》–注释
Ⅳ.①B971.2

中国版本图书馆 CIP 数据核字(2020)第 015305 号

何西阿书

著　　者／坎伯·摩根
译　　者／巩咏梅　于国宽

责任编辑／邱　红
装帧设计／孙豫苏
监　　制／姚　军
责任校对／王凌霄

出版发行／上海三联书店
　　　　　(200030)中国上海市漕溪北路 331 号 A 座 6 楼
邮　　箱／sdxsanlian@sina.com
邮购电话／021 - 22895540
印　　刷／上海惠敦印务科技有限公司

版　　次／2020 年 11 月第 1 版
印　　次／2022 年 7 月第 2 次印刷
开　　本／890mm×1240mm　1/32
字　　数／100 千字
印　　张／3.5
书　　号／ISBN 978 - 7 - 5426 - 6974 - 2/B·670
定　　价／25.00 元

敬启读者,如发现本书有印装质量问题,请与印刷厂联系 021 - 63779028